学前教育及音乐教育专业

声乐教程

何东权　何冠宇　编著

辽宁科学技术出版社

沈　阳

图书在版编目（CIP）数据

声乐教程／何东权，何冠宇编著. —沈阳：辽宁科学技术出版社，2014.8

ISBN 978-7-5381-8771-7

Ⅰ．①声…　Ⅱ．①何…　②何…　Ⅲ．①声乐—教材　Ⅳ．①J616

中国版本图书馆CIP数据核字（2014）第182006号

出版发行：辽宁科学技术出版社

　　　　　（地址：沈阳市和平区十一纬路29号　邮编：110003）

印　刷　者：沈阳天正印刷厂

经　销　者：各地新华书店

幅面尺寸：210 mm × 285 mm

印　　　张：12.75

字　　　数：180千字

出版时间：2014年8月第1版

印刷时间：2014年8月第1次印刷

责任编辑：曹　阳

封面设计：晓　娜

责任校对：徐　跃

书　　　号：ISBN 978-7-5381-8771-7

定　　　价：36.00元

投稿热线：024-23284372
邮购热线：024-23284502
E-mail：lnkj_cc@163.com
http://www.lnkj.com.cn

前　言

为学前教育专业和音乐教育专业的学生提供一本经济实用的声乐教程，就是本书编写的目的。为了实现教程的经济实用性，本书编写突出了以下几个特点。

第一，本教程一律采用简谱记谱法记录歌曲。简谱在我国有很强的适用性和很广的使用范围，大多数的音乐出版物都采用简谱记谱法。另外，声乐教材采用简谱记谱法也为教师和学生根据实际教学情况对歌曲进行移调演唱和伴奏提供了方便条件。

第二，尽可能有效地利用版面，省略了一些不实用、不必要的内容。

首先，省略了歌曲钢琴伴奏谱的编写。声乐教师在为学生弹奏钢琴伴奏时，基本上都是用即兴伴奏的方法，学生就更用不到钢琴伴奏谱了，所以钢琴伴奏谱就成了装点门面的摆设，省略最好。

其次，省略了有关声乐理论的内容。声乐是唱出来的，学生的歌唱能力和水平是学生通过教师的具体指导，经过反复歌唱实践来感悟和培养出来的，不是光看声乐理论就能唱好。学生既没有时间也没有兴趣阅读教材中的声乐理论部分，教师更不可能照本宣科地讲述这部分长篇大论。省略这部分内容，既减轻了学生的负担，又能充分发挥教师和学生在教学中的灵活性和针对性。

再次，本教程省略了各种发声练习曲的编写。每位声乐教师都掌握很多各种各样的发声练习曲，声乐教师完全可以在教学实践中根据学生的具体歌唱能力和水平，分阶段分层次地给学生安排发声练习曲。另外，本书所收录的100首幼儿歌曲既可以作为演唱歌曲，也可以作为发声练习曲。幼儿歌曲的旋律和节奏一般都比较简单平稳，歌曲的音域也不宽，学生可以用唱名唱歌谱，在不同的调高上进行发声练习。这样，既提高了学生视唱简谱的能力，又能培养学生的歌唱能力，充分提高了教学效率，可谓一举两得，何乐而不为！

第三，尽可能多地收录各种题材、体裁的歌曲，使教材的曲目更加丰富。学前教育和音乐教育专业的学生将来就业的去向主要是幼儿园、小学、初中、高中等学校和社会音乐培训机构，所以学生必须有针对性地掌握丰富的曲目。有很多学生在校学习期间声乐演唱水平和能力还都可以，但是却难以胜任幼儿园和中小学的音乐教学工作，往往感到力不从心，这主要是因为缺少幼儿和中小学生歌曲演唱经验和对这类歌曲的积累。声乐演唱能力和水平不是以能否演唱多大多难的声乐曲目为标准的，而是以能否正确完美地表达歌曲的情绪、情感、内容等方面为标准的。本教程收录的曲目主要是幼儿园、小学、中学音乐教材中的演唱和欣赏歌曲，还有一些其他的成人歌曲，同时还加大了中外民歌的选录比例，希望学生通过演唱能更多地了解和掌握中外民歌的风格特点。本教程还尝试收录了几首通俗歌曲。本教程收录的歌曲共计200首。

第四，编者为本教程中的100首歌曲撰写了演唱提示。这部分内容主要是为了帮助教师和学生解决在具体的歌曲演唱教学中遇到的教学重点和难点问题，用通俗易懂的文字来讲解歌曲演唱的一些技巧和方法。这些文字都是编者多年来个人学习、演唱和教学经验的总结。

总之，本教程编写的初衷是美好的，但是限于时间和能力，教程中的不尽如人意之处在所难免。如果本教程能对学习声乐的学生有所帮助，那是编者最大的欣慰了。

最后，我要感谢在本教程的编写和出版过程中给予我们鼓励、支持、帮助的马姝、顾晓娜，还有善良的同事们和出版社的朋友们。

何东权

2014年3月

目 录

第一部分

报 春

德国儿歌

1 = G 3/4

| 5 | 3 | 0 | 5 | 3 | 0 | 2 | 1 | 2 | 1 | — | 0 |

布谷， 布谷， 在 森 林里 叫，
布谷， 布谷， 不 停 地 叫，
布谷， 布谷， 可 爱的 英 雄，

| 2 | 2 | 3 | 4 | — | 2 | 3 | 3 | 4 | 5 | — | 3 |

让 我 们 唱 吧， 让 我 们 跳 吧，
来 到 田 野、 草 地 和 树 林，
你 的 歌 声， 多 么 美 妙，

| 5 | — | 3 | 5 | — | 3 | 4 | 3 | 2 | 1 | — | 0 |

春 天， 春 天， 你 要 来 啦。
春 天， 春 天， 你 快 来 吧。
冬 天 过 去， 春 天 来 到。

春雨沙沙

何东权 词曲

1=♭E 2/4

```
3 5   3 | 1 5 0 | 3 5   3 | 1 5 0 | 1· 1 1 2 | 3 5   3 | 2 3 2· |
```

春雨　　沙沙，　春雨　　沙沙，　洒给绿叶洒给　红　花。

春雨　　沙沙，　春雨　　沙沙，　飘向大地飘向　天　涯。

```
2   -  | 3 5   3 | 1 5 0 | 3 5   3 | 1 5 0 | 1   1 2 | 3 4 5 |
```

　　　　春雨　　沙沙，　春雨　　沙沙，　是　留恋绿　叶

　　　　春雨　　沙沙，　春雨　　沙沙，　是　追求荣　华

```
6 5   6 | 5·   3 | 2 3 1· | 1 | 0 1 | i· | 7 i 7 i 7 | 6   - |
```

还是　在热　恋红花？　　　　啦　啦　啦　啦啦啦啦　啦！

还是　为风　度潇洒？　　　　啦　啦　啦　啦啦啦啦　啦！

```
6 | 0 5 | 6· | 5 | 6 5 6 5 | 3   -   | 3   - | 5 5 5 6 | 5 3 0 |
```

　　啦　啦　啦　啦啦啦啦　啦！　　　　　　春雨留恋　绿叶，

　　啦　啦　啦　啦啦啦啦　啦！　　　　　　春雨不求　荣华，

```
6· 6 4 4 | 3 2 0 | 1· 1 1 2 | 3 5   3 | 6   -   | 6   -   | 1. 5 5   3 |
```

春雨热恋　红花，　飘向大地　是春　雨　对　　　　　母亲　的

春雨天性　潇洒，　飘向大地　是春　雨　对　　　　　

```
2 3 1· | 1 | 1   - : | 5 5   3 | 5 | 6· 7 | i   - | i   - |
```

报　答！　　　　　　母亲　的报　　答！

划 船

西班牙儿歌

1 = F 2/4

| 5 3 | 3 | 4 2 | 2 | 1 2 | 3 4 | 5 5 | 5 | |

轻 轻 摇，　　轻 轻 摇，　　船 儿 水 中 飘 呀 飘；
划 向 前，　　划 向 前，　　两 岸 一 片 静 悄 悄；

| 5 3 | 3 | 4 2 | 2 | 1 3 | 5 5 | 1 | — | |

轻 轻 摇，　　轻 轻 摇，　　船 儿 飘 呀 飘。
划 向 前，　　划 向 前，　　两 岸 静 悄 悄。

| 2 2 | 2 2 | 2 3 | 4 | 3 3 | 3 3 | 3 4 | 5 | |

微 风 吹 动 水 　 面，　　涌 起 一 阵 波 　 涛，
我 们 快 乐的 歌 　 声，　　引 来 一 群 水 　 鸟，

| 5 3 | 3 | 4 2 | 2 | 1 3 | 5 5 | 1 | — | |

精 神 爽，　　乐 陶 陶，　　大 家 齐 欢 笑。
欢 歌 声，　　笑 语 声，　　在 水 面 缭 绕。

阿西里西

1 = C $\frac{2}{4}$

彝族民歌

$\dot{2}$ $\underline{\dot{3}\,\dot{1}}$ | $\dot{2}$ $-$ | $\dot{2}$ $\underline{\dot{3}\,\dot{1}}$ | $\dot{2}$ $-$ |

阿   西 里 西，   阿   西 里 西，

$\dot{2}$ 6 | $\dot{1}$ $\underline{6\,\dot{2}}$ | $\dot{2}$ 6 | $\dot{1}$ $-$ |

快   来 跳 （哪哟） 快   来 唱。

$\underline{6\,\dot{2}}$ $\underline{\dot{1}\,\dot{2}}$ | $\underline{6\,\dot{2}}$ $\underline{\dot{1}\,\dot{2}}$ | 5   2 | 5   2 |

快 快 活 活 唱 歌 跳 舞，（翁 啊 翁 啊，

$\dot{2}$ $\underline{\dot{1}\,6}$ | $\underline{5\,\dot{1}}$ $\underline{6\,5}$ | $\dot{1}$ $\underline{5\,6}$ | $\dot{1}$ 0 ‖

啊   呀） 我 们 心 里 多 欢 畅！

《阿西里西》演唱提示：这是一首由 4 个乐句构成的单一部曲式的贵州彝族民歌。阿西里西是"我们的好朋友"的意思。歌曲节奏简洁，旋律质朴，如果将速度放慢会是一首很好的练声曲。找准第一个音的气息支持点和共鸣位置，注意唱时喉腔要打开，气息支持点不要上提，舌头放松，舌尖贴在下齿背面。后边的歌词在这样的状态中歌唱，使声音圆润统一。注意衬词部分音量不必过强。

彩 霞

顾以温 曲
韩小平 词

1 = E 2/4

| 6̣ 3. | 6̣ 3. | 2 2 1 2 | 3 — |
| 彩 霞, | 彩 霞, | 是 谁 种 的 | 花? |

| 6̣ 2. | 5̣ 2. | 7̣ 6̣ 7̣ 5̣ | 6̣ 6. |
| 千 朵 | 万 朵, | 开 遍 满 山 遍 野, | |

| 3 3. | 6̣ 6. | 5 3 5 6 | 3 0 |
| 阳 光, | 阳 光, | 天 天 照 着 它。 | |

| 2 3 1 2 | 2 3 1 6 | 7̣ 6̣ 7̣ 5̣ | 3 5 |
| 知 道 啦, | 知 道 啦, | 太 阳 公 公 种 的 | |

| 6̣. 5̣ | 5̣ 6̣ — ‖ |
| 花。 | |

兰花草

陈贤德 张 弼 曲
胡 适 词

《兰花草》演唱提示：由 4 个乐句构成的单一部曲式。歌词是根据著名学者胡适先生的诗改编而成的，歌词通俗易懂，充满诗意，表达作者对兰花无微不至的关爱和期盼兰花能早日开放的心情。为了正确表达歌曲的意境，演唱时的速度不能太快，情绪应该是平和舒缓而从容的。注意声音的舒展平稳，第 4 小节到第 5 小节的八度跳进不要唱得猛烈突然。

丢手绢

关鹤岩 曲
鲍 侃 词

1=E 2/4

5. 3 | 5. 3 | 5 3 2 3 | 5 - |
丢, 丢, 丢 手 绢,

5 5 3 | 6 5 | 3 5 3 2 | 1 2 |
悄 悄 地 放 在 小 朋 友 的 后 面,

3 5 | 3 2 1 2 | 3 - | 6 5 6 5 |
大 家 不 要 告 诉 他, 快 点 快 点

2 3 5 | 5 - | 6 5 6 5 | 2 3 | 1 - |
抓 住 他, 快 点 快 点 抓 住 他!

友谊地久天长

苏格兰民歌
薛　范　译配

1=F 4/4

（简谱及歌词）

往 相 我 今 —— 日 亲 们 天 —— 朋 相 漫 我 们 友，爱，步 —— 怎 无 一 起 欢 ——

能 限 外 船 聚 —— 相 欢 山 游 荡 —— 忘？冈，一 堂，—— 心 听 畅 —— 中 酒 河 黎 挽 —— 怎 不 杯 叮 花 边 明 手 来 —— 怀 当 草 晚 歌 ——

想？ 响。 香。 上。 唱。 —— 当 举 以 任 举 —— 年 杯 后 凭 杯 —— 情 痛 饮，我 们 远 分 手，各 —— 怎 欢 度 各 —— 能 奔 隔 —— 相 时 忘？光，一 方，重 洋，时 光，—— 朋 友 的 情 意 ——

长。 长。 长。 长。 —— 千 年 万 载，永 远 不 忘，朋 友 的 情 意 ——

长。 —— 举 杯 痛 饮，欢 度 时 光，朋 友 的 情 意 长。

《友谊地久天长》演唱提示：由 4 个乐句构成的单一部曲式。歌曲主要是用重复和变化重复的方法发展而成。这首歌还有其他记谱形式。演唱时气息悠长，要找准吸气的地方，保证吸气的从容和饱满。唱低音时要充分打开口腔，在高位置上唱低音。要有良好的气息支持，这样在唱高音时才不会吃力，声音也更容易统一。演唱歌曲时注意声音与情绪的结合，做到声情并茂。如果歌曲用不同的速度演唱，情绪也会有相应的变化，大家不妨一试。

声乐教程 015

粉刷匠

波兰儿歌
曹永声 译配

1 = G 2/4

5 3 5 3 | 5 3 1 | 2 4 3 2 | 5 - ‖
我 是 一 个 粉 刷 匠， 粉 刷 本 领 强，

5 3 5 3 | 5 3 1 | 2 4 3 2 | 1 - ‖
我 要 把 那 新 房 子， 刷 得 很 漂 亮。

2 2 4 4 | 3 1 5 | 2 4 3 2 | 5 - ‖
刷 了 房 顶 又 刷 墙， 刷 子 飞 一 样，

5 3 5 3 | 5 3 1 | 2 4 3 2 | 1 - ‖
哎 呀 我 的 小 鼻 子 变 呀 变 了 样。

一只鸟仔

1=A 4/4

台湾民歌

2	3	2 23 21	2 0	6· 6	2· 0	0
透	早	起 来 （咿 嘟）	拐	一 下	拐，	
日	头	落 山 （咿 嘟）	刮	一 下	刮，	
鸡	母仔	找 子 （咿 嘟）	咯	一 下	咯，	
鸭	咪仔	泅 水 （咿 嘟）	扎	一 下	扎，	

6·	2	6· 1	6· 5	2	5· 6	5· 0	0
一	只	鸟 仔 （咿 嘟）	哮	啾	啾，	
一	只	水 鸡仔 （咿 嘟）	哮	呱	呱，	
一	只	鸡 仔 （咿 嘟）	哮	啾	啾，	
一	只	鸭 仔 （咿 嘟）	哮	咪	咪，	

1	2	1 12 16	1	5· 5	1· 0	0
踮	在	水 沟 仔（咿 嘟）	撬	一 下	撬，	
踮	在	田 地 仔（咿 嘟）	撬	一 下	撬，	
踮	在	草 埔 仔（咿 嘟）	撬	一 下	撬，	
踮	在	水 沟 仔（咿 嘟）	撬	一 下	撬，	

2	2	6· 1	6· 5	2	5· 6	5·	5· 0
丢	丢	铜 仔 （咿 嘟）	找	无	巢	（噢）。
丢	丢	铜 仔 （咿 嘟）	找	无	伴	（噢）。
丢	丢	铜 仔 （咿 嘟）	找	无	母	（噢）。
丢	丢	铜 仔 （咿 嘟）	找	无	伴	（噢）。

《一只鸟仔》演唱提示： 演唱时注意休止符的时值一定要准确，不要因为追求声音而占用休止符的时值，这会破坏歌曲的意境和情绪。正确认识休止符的作用、把握休止符的时值，是应该引起所有声乐学习者重视的。演唱时声音的强弱要适中，气息运用要灵活、富有弹性。共鸣腔体要充分打开，咬字吐字要准确。

洗　手

陈少麟 曲
佚　名 词

1=C 2/4

(5　　6 | 5.　　3 | 2　　3 | 1　　-) |

5 5　3 1 | 3 4　5 | 5 5　3 1 | 3 4　5 |
哗 哗　流 水　清 又　清，　洗 洗　小 手　讲 卫　生，

4　　6 | 5 5　3 1 | 2 3　2 | 5　　6 |
大　　家　伸 出　手 儿　比 一　比，　看　　看

5.　　3 | 2　　3 | 1　　- ‖
谁　　的　最　干　净。

送 别

［英］奥特威 曲

李叔同 词

```
1=C  4/4
  ⌒             ⌒      ⌒
5  3 5  i  -  | 6  i  5  -  | 5  1 2  3  2 1 | 2  -  -  0 |
长 亭 外,    古 道 边,    芳 草 碧 连  天;
长 亭 外,    古 道 边,    芳 草 碧 连  天;

  ⌒               ⌒
5  3 5  i.  7 | 6  i  5  -  | 5  2 3  4.   7 | 1  -  -  0 |
晚 风 拂 柳 笛 声 残,    夕 阳 山 外  山。
问 君 此 去 几 时 来?    来 时 莫 徘  徊。

     ⌒             ⌒          ⌒  ⌒  ⌒  ⌒
6  i  i  -  | 7  6 7  i  -  | 6 7  i 6  6 5  3 1 | 2  -  -  0 |
天 之 涯,    地 之 角,    知 交  半 零  落;
天 之 涯,    地 之 角,    知 交  半 零  落;

  ⌒               ⌒
5  3 5  i.  7 | 6  i  5  -  | 5  2 3  4.   7 | 1  -  -  0 ‖
一 觚 浊 酒 尽 余 欢,    今 宵 别 梦  寒!
人 生 难 得 是 欢 聚,    唯 有 别 离  多!
```

《送别》演唱提示：带再现的单二部曲式。这是一首非常适合声音训练的歌曲，节奏平稳，旋律简洁。起音在中音区，要充分打开口腔，找好歌唱共鸣位置，做到声音与气息互动呼应。"天之涯，地之角，知交半零落"处，要在声音高位置的基础上，充分调动气息的支持力，感觉声音飘在气息之上，强弱控制得当。声音不可过分地外放，否则影响声音的统一，破坏歌曲的整体表现。觚（gū）：古代一种盛酒的器具。

堆雪人

1=D 3/4

中速、活泼地

韩德常 曲
熊芳琳 词

```
(i    5    5  | 5    3    3  | 5 6  5 4  3 2 | 1    3    3  |
```

```
5    3    3  ) ‖: 5    3    3  | 5    3    3  | 4    4 3    2 |
              大   雪   天,    真   有   趣,    堆   雪   人,
              小   弟   弟,    小   妹   妹,    你   牵 着   我,
```

```
3    3 2    1  | 5 6  5 4    3 | 5 6  5 4    3 | 4 5  4 3    2 |
做   游   戏,    圆   脑   袋,    大   肚   皮,    白   胖 的   脸
我   拉 着   你,   围   着 雪   人   团   团   转,    多   么   欢
```

```
|1.                     |2.
3    1    1  :‖ 1    —    — ‖
笑   嘻   嘻。    喜。
```

草堆里的火鸡

美国民歌

张　宁　译配

1 = F　4/4

```
3 2  |  1    1    1    5 5  |  5    5    5    1 2  |
赶着    大    马   车，  心里   多    欢   喜，  越过
现在    大    没   奶，  只好   喝    羊   奶，  我可
在那    小    河   里，  有条   大    鲇   鱼，  一会儿

3    3    1    1 2  |  3    2    2    3 2  |  1    1    1    5 5  |
小    山   冈，  穿过   绿    草   地；   鞭儿  唰   唰   响，  马儿
不    知   道，  这是   啥    道   理；   有只  长   毛   猴，  坐在
游    过   来，  一会儿 游    过   去；   看我  跳   下   河，  手快

5    5    5    0  |  3 5    6    5 3    1 2  |  3    2    1    0  |
不    停   蹄，     大车   它   飞快   奔向   前    方   去！
草    堆   里，     对着   它   岳母   笑嘻   嘻！
眼    又   疾，     一把   就   抓住   那条   大    鲇   鱼！

3 5  5 3  5  -  |  ( 3 5    3 5    -  )  |  4 6  6 4  6  -  |
草堆 里的 火 鸡，      草堆   里的   火 鸡，

( 4 6    4 6    -  )  |  1    1    5 5  5 5  |  3    3    2    1 2  |
                          看    我   赶着 大车   多    神   气。  唱起

3  5    6    5 3    1 2  |  3 1    2    7    1    0  |
快  乐   的   歌  儿，   草堆   里的   火   鸡。
```

　　《草堆里的火鸡》演唱提示：带再现的单二部曲式。最好先唱歌谱，熟悉后再唱歌词，这样更容易找到歌唱共鸣位置，也能更好地体会歌曲的意境。开始应该用较慢的速度练唱，熟悉掌握歌曲之后再用较快的速度演唱。注意演唱时应该轻快活泼，喉部不要用力，以免声音笨重。要多用高的共鸣位置歌唱，强调声音的通透感。气息支持要积极灵活，找准歌曲中的吸气位置，快速吸气，才能保证歌曲演唱得流畅完整。

我有一双小小手

张 翼 曲
陆爱珍 词

1=D 2/4

| 1 1 | 3 3 | 5 5 | 5 | 6 6 | 5 3 | 2 2 | 2 |

我 有 一 双 小 小 手， 一 只 左 来 一 只 右，
我 有 一 双 小 小 手， 能 洗 脸 来 能 漱 口，

| 3 2 | 1 | 3 4 | 5 | 5 6 | 5 3 | 2 | 3 2 | 1 | — |

小 小 手， 小 小 手， 一 共 十 个 手 指 头。
会 穿 衣， 会 梳 头， 自 己 事 情 自 己 做。

西风的话

黄　自　曲
廖辅叔　词

1 = G　4/4

| 5̣ | 5̣ | 5̣ 1̣ 3 5 | 5 - 4 - | 3 3 3̣ 2̣ 1̣ 7̣ | 6̣ - - 0 |
去　年　我　　回　　去，　　你　们　刚穿新棉　袄。

| 6̣ | 6̣ | 6̣ 7̣ 1 2 | 2 - 5̣ - | 5̣ 5̣ 6̣ 7̣ 1 2 | 3 - - 0 |
今　年　我　来看你　　们，　　你　们　变胖又变　高。

| 5 | 5 | 6̣ 5̣ 4 3 | 3 - 6̣ - | 4 4 3 2 3 5 | 2 - - 0 |
你　们　可　　记　　得，　　池　里　荷花变莲　蓬？

| 1 | 1 | 1 7̣ 6̣ 5̣ | 5̣ - 4̣ - | 5̣ 5̣ 5̣ 4̣ 3̣ 2̣ | 1̣ - - 0 |
花　少　不愁没　颜　　色，　　我　把　树叶都染　红。

　　《西风的话》演唱提示：歌曲旋律优美流畅，歌词意境深远。歌曲第一句从低音起唱，之后以琶音形式向上发展到高八度音上放宽节奏，如果唱好将有助于声音训练和歌曲表达。起唱前应从容而饱满地吸气，吸入量应该适中：吸少了，第一句难以唱完整；吸多了，气息过于僵硬难以控制，喉部会紧张，影响后面高音的质量。"去年"两字要唱在高位置上，喉部不要用力，不可片面追求音量和色彩。"我"字琶音上行时，要充分打开口腔和咽腔，要感觉气息积极灵活地支持声音。"回去"两字要充分利用头腔共鸣把声音唱出去，喉头不要用力，声音才不会憋、挤、紧，才能通透圆润。

宝宝不洗脸

蒋振声 邓融和 曲
张春明 词

1 = C 2/4

```
5.        3 | 5   0 | 1   3 | 2   0 |
宝        宝   不   洗   脸，

2.        1 | 2   0 | 2   3 | 5   0 |
像        个   小   花   脸，

4  4.  | 3 3  3 | 2.  1 2 3 | 1   0 |
急 坏     小 花 猫，  要 用 舌 头 舔，

‖: 5 5.  | 4 4.  | 3.  2 1 2 | 3 3  3 |
哎 哟     哎 哟，  吓 得 宝 宝 像 老 鼠，

5 5.  | 4 4.  | 5.  3 2 3 | 1 1  1 :‖
哎 哟     哎 哟，  快 把 被 窝 当 洞 钻。

1   3 | 2   5 | 1   0 | X   0 ‖
宝   宝   不   洗   脸。        嗨！
```

红河谷

加拿大民歌
范继淹 译配

1=♭B 4/4

人们　说你就要　离开　村庄，　我们　将怀念你的　微
你可　会想到你的　故乡，　多么　寂寞多么　凄
人们　说你就要离开　村庄，　要离　开热爱你的　姑
亲爱的　人我曾经答　应你，　我决　不让你　烦

笑。　　你的眼　睛比太　阳更　明亮，　照耀在我　们心
凉。　　想一　想你走后　我的　痛苦，　想一　想留给我的悲
娘。　　为什么　不让她和你　同去?　为什么把她　留在村庄
恼。　　只要　你能　重新爱我，　我愿永远跟在你身

上。　　走过来坐在我的　身旁，　不要离　别得这样　匆
伤。
上?
旁。

忙，　　要记住红河谷你的　故乡，　还有那　热爱你的姑　娘。

《红河谷》演唱提示： 由4个乐句构成的单一部曲式。美国人和加拿大人都把这首歌视为自己国家的民歌，但人们通常认为这是一首加拿大民歌。歌曲旋律流畅优美，可唱性强。演唱时注意把握歌曲的速度。开始不要把声音唱得很强，要控制好音量，腔体不要撑得过大。音量应该随着旋律向高音区运动而增强，但不能过强，否则会影响歌曲的情绪，也不利于声音的统一与流畅。

玩具进行曲

1=F 2/4

日本童谣

| 1 | 5 5 | 1 | 5 5 | 1 2 | 3 2 | 5 | 0 |

嘀 嗒嗒， 嘀 嗒嗒， 吹起 小 喇 叭，
嘀 嗒嗒， 嘀 嗒嗒， 绕场 一 周，

| 5 6 | 5 4 | 3 4 | 3 2 | 1 | 2 | 3 | 0 |

小 玩 具 的 进 行 曲 是 嘀 嘀 嗒。
洋 娃 娃 和 小 鸽 子 也 嘀 嘀 嗒。

| 1 | 5 5 | 1 | 5 5 | 1 2 | 3 2 | 5 | 0 |

木 偶 的 个 儿 呀 都 是 一 般 高，
法 国 的 洋 儿 娃 娃 突 然 跳 出 来，

| 5 6 | 5 4 | 3 4 | 3 2 | 6 | 7 | 1 | 0 |

小 狗 小 马 也 在 一 起 嘀 嘀 嗒。
一 吹 笛 子 锣 鼓 声 就 咚 咚 锵。

龙船调

1=C 2/4

湖北民歌

| 3 1 1 1 3 | 1 2 1 2 | 3. 2 1 2 1 6 | 6 - |

正 月 里 是 新 年 哪， 咿 哟 喂，
二 月 里 刮 春 风 哪， 咿 哟 喂，

| 3 3 6 6 1 2 1 | 6 1 6 | 5 - | 1 1 3 1 6 |

妹 娃 子 去 拜 年 喏 喂， 金 那 金 儿 锁，
妹 娃 子 要 探 亲 喏 喂， 金 那 金 儿 锁，

3 3 3 i̲ 6 | i̲ 2̲ 3　2̲ i | i̲ 6̲ 2̲ i　6̲ 5̲ 6 | i̲ 6̲ 2̲ i　6 |

银那银儿锁,　阳雀叫哇　捎着鹦哥,啊　捎着鹦　哥。
银那银儿锁,　阳雀叫哇　捎着鹦哥,啊　捎着鹦　哥。

(i̲ 6̲ 2̲ i　6̲ 5̲ 6 | i̲ 6̲ 2̲ i　6 | i̲ 6̲ 2̲ i　6̲ 5̲ 6 | i̲ 6̲ 2̲ i 6) |

女白:妹娃子要过河,哪个来推　我嘛?　男白:我　就来推你嘛!
女白:妹娃子要过河,哪个来推　我嘛?　男白:还不是我来推你嘛!

3̇ 3̇ 3̇　3̇ 2̲ i̲ 2 | 3̇　2̇　i̲ 6̲ | i̲ 6̲ 6̲ i̲ 6̲ 2̲ i | 6. 　5̲ 6 |

艄公你把舵　扳哪,　妹娃子请上　船,　啊
艄公你把舵　扳哪,　妹娃子请上　船,　啊

2̇ i̲ 6̲ 5̲ 6 | 2̇ i̲ 6 | i̲ 6̲ 6̲ i̲ 3̲ i | 6 i　6 |

喂呀　着啊　喂呀着　将阿妹推过　河哟
喂呀　着啊　喂呀着　将啊妹推过　河哟

|1.　　　　　　　　|2.
5 　—　:‖ 5 　—　‖
喂。　　　　　　喂。

　　《龙船调》演唱提示:歌曲旋律优美流畅,音域只有八度,很适合训练发声和歌唱。首先要找准适合自己演唱的调高。调过高,声音很容易挤、吊;调过低,又不能充分发挥声音,无法正确表达歌曲。其次要唱好第一个音,第一个音在高音区,要让声音唱在高位置上,而且要有较深的、充分的气息支持才能使声音饱满、圆润、通透。所以第一个音要反复歌唱、反复体会,直到满意为止。要注意咬字吐字清晰准确。第一句用一个气口从容演唱下来后,第二句的低音不要太用力,要感觉声音很自然地向高音滑过,这样声音就会统一。

拔萝卜

1 = F 2/4

包恩珠 词曲

5. 6 1	3. 2 1	5. 3 2	5. 3 2
拔 萝卜，	拔 萝卜，	哎 呀呀，	哎 呀呀，

5 5 5 5	2 3 1	5 5 5 5	2 3 1
哎呀 哎呀 拔 不 动，		哎呀 哎呀 拔 不 动。	

5. 6 1	3. 2 1	5 5 5 5	2 3 1
老 公公，	快 点来，	快来 帮我 拔 萝卜。	
老 婆婆，	快 点来，	快来 帮我 拔 萝卜。	
小 花狗，	快 点来，	快来 帮我 拔 萝卜。	
小 花猫，	快 点来，	快来 帮我 拔 萝卜。	
小 老鼠，	快 点来，	快来 帮我 拔 萝卜。	
大 箩卜，	拔 起来，	大家 一齐 拔 起 来。	

春天又来到山庄

1 = G 2/4

中速

瑞士民歌

5		1 2	3 2	1	1 5	1 2	3 4
啊，		冬 天	已 经	过	去，那	春 雨	细 又
啊，		太 阳	照 在	山	上，把	冬 雪	融 化
我		坐 在	窗	户	旁，我	静 听	布 谷

2	0 2	2 1	7 6	5	5 5	5 5	6 7
长；	啊，	我 在	今 天	早	晨，已	听 到	布 谷
光；	那	小 鸟	飞 到	树	梢，在	盖 着	新
唱；	它	不 住地	歌 唱	春	天 又	来 到	我 山

| 1 | 0 5 ‖: | 3 0 0 5 | 3 0 0 5 5 | 6 5 4 3 ‖ |

唱。　　布　谷　　布　谷，　你 可 听 见 它 歌
房。　　布　谷　　布　谷，　你 可 听 见 它 歌
庄。　　布　谷　　布　谷，　你 可 听 见 它 歌

| 2 | 0 2 | 2 1 7 6 | 5̣ | 5̣ 5̣ | 5̣ 5̣ | 6̣ 7̣ |

唱?　　啊，　我 在 今 天 早　晨，已 听 到 布 谷
唱?　　那 小 鸟 飞 到 树　梢，在 盖 着 新
唱?　　它 不 住地 歌 唱 春　天 又 来 到 我 山

| 1. | 1 | 0 5 :‖ | 2. | 1 | 0 ‖ |

唱。　　布　　唱。
房。　　布　　房。
庄。　　布　　庄。

《春天又来到山庄》演唱提示：由 4 个四小节的乐句按照起承转合的关系构成的单一部曲式。演唱这首歌的难点就是在气口处快速地吸气。有 3 个吸气的地方是在两个八分音符之间，要做到既正确吸气又不影响歌唱，所以腹部吸气肌肉要保持积极灵活的状态，在吸气之前要做好充分的心理准备。吸气量不要过多，也不必吸得太深，要把这个气口只作为歌唱气息的一个补充。另外，在视唱歌谱时就要严格按照歌谱中标记的吸气记号进行吸气，不然在唱歌词时就不容易做到正确吸气。

小星星

1 = C 2/4

法国民歌

1	1	5	5	6	6	5	—
一	闪	一	闪	亮	晶	晶，	

4	4	3	3	2	2	1	—
满	天	都	是	小	星	星，	

5	5	4	4	3	3	2	—
挂	在	天	空	放	光	明，	

5	5	4	4	3	3	2	—
好	像	许	多	小	眼	睛。	

1	1	5	5	6	6	5	—
一	闪	一	闪	亮	晶	晶，	

4	4	3	3	2	2	1	—
满	天	都	是	小	星	星。	

欢乐颂

[德]贝多芬 曲
邓映易 译配

1=G 4/4

| 3 3 4 5 | 5 4 3 2 | 1 1 2 3 | 3. 2 2 — |

欢 乐 女 神， 圣 洁 美 丽， 灿 烂 光 芒 照 大 地！

| 3 3 4 5 | 5 4 3 2 | 1 1 2 3 | 2. 1 1 — |

我 们 心 中 充 满 热 情， 来 到 你 的 圣 殿 里！

‖: 2 2 3 1 | 2 3 4 3 1 | 2 3 4 3 2 | 1 2 5 3 |

你 的 力 量 能 使 人 们 消 除 一 切 分 歧， 在

| 3 3 4 5 | 5 4 3 4 2 | 1 1 2 3 | 2. 1 1 — :‖

你 光 辉 照 耀 下 面， 人 们 团 结 成 兄 弟。

《欢乐颂》**演唱提示：**歌曲节选自贝多芬的《第九交响曲》终曲合唱的片段。由起承转合的4个乐句构成的单一部曲式。歌曲以欢乐女神圣洁美丽和期盼人们消除一切分歧团结成兄弟为主题。歌曲音域只有八度，非常适合发声练习和演唱。演唱和发声时注意选择合适的调高，注意歌曲的气口安排，特别是第三、第四乐句在快速时的气口安排尤为重要。要保证吸气肌肉的积极活跃状态，吸气时要干净迅速，要感觉气息迅速下沉。要将歌词唱清楚。

好妈妈

潘振声 词曲

1 = F 2/4

$(\underline{\dot{5}} 5 \quad 6 \quad 5 \mid \underline{3 \quad 3} \underline{3 \quad 2} \mid 1 \quad 0 \quad)$

$\mid \underline{3 \quad 3} \overset{\frown}{\underline{5}} \quad \underline{2 \quad 2} \mid$

我 的   好 妈

$1 \quad 0 \mid \underline{3 \quad 3} \overset{\frown}{\underline{5}} \quad \underline{6 \quad 6} \mid 5 \quad 0 \mid \underline{2 \quad 3} \overset{\frown}{} \quad \underline{5 \quad 6} \mid$

妈,   下 班 回 到 家,   劳   动 了

$\overset{\frown}{\underline{3 \quad 2}} \quad 3 \quad 0 \mid \underline{5 \quad \dot{6}} \quad \underline{5 \quad 3} \mid 2 \quad 0 \mid \underline{3. \quad 3} \quad \underline{3 \quad 2} \mid$

一 天,   多 么 辛 苦 呀,   妈 妈 妈 妈

$\underline{1 \quad 6} \quad \underline{\dot{5} \quad 0} \mid \underline{3. \quad 3} \quad \underline{3 \quad 2} \mid \underline{1 \quad 6} \quad \underline{\dot{5} \quad 0} \mid \underline{5 \quad \dot{6}} \quad \underline{1 \quad 2} \mid$

快 坐 下,   妈 妈 妈 妈 快 坐 下,   请 喝 一 杯

$3 \quad - \mid \underline{5 \quad 3} \overset{\frown}{\underline{5}} \quad \underline{6 \quad 6} \mid \underline{5 \quad 3} \overset{\frown}{} \quad \underline{2 \quad 0} \mid \underline{5 \quad 3} \overset{\frown}{\underline{5}} \quad \underline{6 \quad 6} \mid$

茶,   让 我 亲 亲 您 吧,   让 我 亲 亲

$\underline{5 \quad 3} \overset{\frown}{} \quad \underline{2 \quad 0} \mid \underline{\dot{5} \quad 3} \quad \underline{3 \quad 2} \mid 1 \quad - \mid 3. \quad \dot{5} \mid$

您 吧,   我 的 好 妈 妈,   我   的

$\underline{2 \quad 0} \quad \underline{2 \quad 0} \mid 1 \quad 0 \parallel$

好 妈 妈。

苏格兰的蓝铃花

苏格兰民歌
钟立民 译配

1=♭E 4/4

（简谱略）

请你告诉我，高原的　青年去何方？请
高原的年轻人，他　如今在何方？高

你告诉我，高原的青年去何方？　他已随军旗出　发，立
原的年轻人，他如今在何方？　他生长在美丽的苏格兰，这里

功把美名扬。我衷心祝福，祝他平安回家乡。
蓝玲花开放。我衷心怀念，怀念这年轻的好伙伴。

《苏格兰的蓝铃花》演唱提示：由起承转合的 4 个乐句构成的单一部曲式。第二乐句是第一乐句的完全重复，第四乐句是第一、第二乐句的变化重复，第三乐句离开原调转向属调。演唱时要注意一、二段歌词节奏的变化。歌曲速度稍慢，要充分体会歌曲的意境。要保持稍弱的歌唱力度。开始"请你"两字四度上行，要注意气息的支持，在高音上唱"你"字，要做好充分的准备，口腔要有打开的感觉，就是窄母音要宽唱。歌曲中的前倚音要唱得轻快自然，变化音要注意音准。

我有一只小羊羔

1=C 2/4

美国儿歌

| 3. 2 1 2 | 3 3 3 | 2 2 2 | 3 5 5 | |

我 有 一 只 小 羊 羔， 小 羊 羔， 小 羊 羔，
不 论 我 要 到 哪 里， 到 哪 里， 到 哪 里，

| 3. 2 1 2 | 3 3 3 3 | 2 2 3 2 | 1 — | |

长 着 一 身 洁 白 绒 毛， 洁 白 绒 毛。
小 羊 和 我 总 在 一 起， 总 在 一 起。

乡里妹子进城来

1=F 4/4

湖南民歌

| 5 6 | 1 6 1 5 3 5 | 6. i 6 5 3 5 3 1 2 | |

乡 里 妹 子 进 城 来， 乡 里 妹 子 无 穿 鞋。
城 里 伢 子 莫 笑 我， 我 打 赤 脚 好 得 多。

| 3 5 | 1 6 1 3. 5 3 5 3 | 1 6 1 3. 5 1 2 1 6 | |

何 不 嫁 到 我 城 里 去， 上 穿 旗 袍 下 穿 鞋。
上 山 挑 得 百 斤 担， 下 田 捡 得 水 田 螺。

《乡里妹子进城来》演唱提示：单一部曲式。歌曲的旋律起伏跌宕，音程跳跃距离较大。要唱出歌曲风趣、活泼和诙谐的风格，表现出湖南妹子开朗泼辣的性格。在气息的支持下，在高位置上唱出第一个字"乡"，要做到声音清脆明亮，富有弹性；七度下行跳进到"里"字，要唱得自然顺畅，这个字不必过分强调音量。下一句"乡里妹子无穿鞋"的"乡里"要唱准时值才有韵味，两个字要在相同的共鸣点上唱出，气息积极支持声音。后面的两句要与前两句一样，保持统一的高位置歌唱。

新年好

1=♭A　3/4

英美儿歌

| 1̲ 1̲ 1 | 5̣ | 3̲ 3̲ 3 | 1 | 1̲ 3̲ 5 | 5 | 4̲ 3̲ 2 | － |

新年好 呀，　新年好 呀，　祝福大家 新年 好。

| 2̲ 3̲ 4 | 4 | 3̲ 2̲ 3 | 1 | 1̲ 3̲ 2 | 5̣ | 7̣̲ 2̲ 1 | － |

我们唱 歌，　我们跳 舞，　祝福大家 新年 好。

可爱的故乡

1=A　3/4

法国民歌

| 3̲ 5̣̲ | 1̲ 3̲ 5 | 4̣ | 6̣ | 6̣ | 5̣̲ 7̣̲ | 2̣̲ 4̲ | 3̲ 2̲ | 1 | － | － |

我 的 故 乡　好 地 方，　阳 光 灿 烂，
山 青 青，　水 绵 绵，　伸 向 蓝 天，
我 的 故 乡　好 地 方，　阳 光 灿 烂，

| 1 | 3 | 5 | 4. | 3̲ 2 | 5̣ | 7̣̲ 2̲ | 4 | 3. | 2̲ 1 |

土 地 肥，　稻 谷 香，　水 草 美，　牛 羊 壮，
暖 风 吹　荡，　葡 萄 酒 飘　清 香，
土 地 肥，　稻 谷 香，　水 草 美，　牛 羊 壮，

| 3̲ 5̣̲ | 1̲ 3̲ | 5̣̲ 5̲ | 4̣ | 6̣ | 6̣ | 5̣̲ 7̣̲ | 2̣̲ 4̲ | 3̲ 1̲ | 1 | － | － |

绿 葱 葱 的　葡 萄 园，　一 望 无 边。
处 处 盛 开　玫 瑰 花，　美 丽 鲜 艳。
快 乐 歌 声 随 风 扬，　响 彻 云 天。

　　《可爱的故乡》演唱提示：歌曲旋律是以和弦分解的形式构成的。一般情况下我们接触到的四三拍歌曲相对要少一些，所以要多注意体会四三拍歌曲的节奏和旋律进行特点。歌曲从低音区开始，注意气息要深、要饱满。分解和弦音上行时，要注意体会口腔等歌唱腔体充分打开的感觉，气息积极主动地支持歌唱。注意气口的安排和气息的控制，为了歌曲表达的完整流畅，建议二小节或四小节吸气一次，切忌一小节一吸气，具体的气口安排可根据歌曲的速度进行处理。

好孩子要诚实

嘉 评 曲
园 丁 词

1 = E 2/4

3̲ 3̲ 1	3̲ 3̲ 1	3 4	5 -

小 花 猫， 喵 喵 叫， 喵 喵 叫，
小 花 猫， 你 别 叫， 你 别 叫，

3̲ 4 5 0	5̲ 6̲ 5	4 3	2 -

是 谁 把 花 瓶 打 碎 了？
是 我 把 花 瓶 打 碎 了。

3 1	3̲ 3̲ 1	5̲ 4̲ 3̲ 2̲	3 -

爸 爸 没 看 见， 妈 妈 不 知 道，
好孩 子 要 诚 实， 有 错 要 改 掉，

1̲ 1̲ 4̲ 5̲	6 6	5 -	6̲ 5̲ 0

小 花 猫 对 我 叫： 喵
小 花 猫 对 我 笑： 妙

4̲ 3̲ 0	1. 2̲ 1̲ 0 :	2. 2̲ 1. 1	0

喵 喵！ 妙！
妙

采茶扑蝶

福建民歌
红 岚 词

1=♭E 2/4

```
6· 1  5  | 3  5  6  5 | 6·  5  6 | 6·  1  5  |
春   季     里 来 暖 洋   洋，      家    家
夏   季     里 来 麦 穗   黄，      家    家
```

```
3  6  5  2 | 3·  2  3 | 6·  1  5 | 3  5  6  5 |
户  户 春 耕    忙，       茶  女     提 篮 来 采
户  户 麦 收    忙，       茶  女     只 管 来 采
```

```
6·  5  6 | 6·  1  5 | 3  6  5  2 | 3·  2  3 |
茶，        早   早     来 到 茶 山    上。
茶，        两   眼     盯 在 茶 树    上。
```

```
6  5  6 | 3  2  3 | 3  5  3  5 | 5  3  2 |
一 边 采，  一 边 唱，  又 说 又 笑 把 那
又 轻 巧，  又 快 当，  好 像 一 群 蝴 蝶 在
```

```
1  6  1 | 2  -  | 5  6  5  3  2 | 1  1  2 |
演 员 来 当，        没 有 观 众  自 欣 赏，
花 园 游 荡，        又 像 蜜 蜂  来 采 蜜，
```

```
1  3  2 | 1  6 | 1  2  1 | 6  -  ‖
茶   女    喜 呀 喜 洋   洋。
茶   山    一 片 好 风   光。
```

《采茶扑蝶》演唱提示：单一部曲式。第一、第二乐句是完全重复的关系。歌曲节奏明快，旋律优美，具有独特的民族风格和浓郁的地方特色。演唱时要有良好的气息支持，要灵活而富有弹性。难点是在歌曲稍快的速度下，还要把腔体打开，这样才能保证声音有良好的共鸣位置，咬字吐字清晰。注意气口要准确，可以根据歌曲情绪和个人演唱能力来确定吸气的地方。演唱时要让声音明亮流畅，表现出采茶女活泼乐观的性格。

小燕子

王云阶 曲
王 璐 王云阶 词

1=♭B 4/4

3 5 i 6 5 - | 3 5 6 i 5 - | i. 3 2 i | 2 i 6 i 5 - |
小 燕 子 穿 花 衣, 年 年 春 天 来 这 里,

3. 5 6 5 6 | i 2 5 6 - | 3 2 1 2 - | 2 2 3 5 5 |
我 问 燕 子 你 为 啥 来? 燕 子 说, 这 里 的 春 天

i 2 3 5 - | 3 5 i 6 5 - | 3 5 6 i 5 - | i. 3 2 i |
最 美 丽。 小 燕 子, 告 诉 你, 今 年 这 里

2 i 6 i 5 - | 3. 5 6 5 6 | i 2 5 6 - | 3. i 6 5 |
更 美 丽, 我 们 盖 起 了 大 工 厂, 装 上 了

3 2 1 2 - | 2. 3 5 - 6/7 | i. 3 2 i | 2 i 5 6 i - ‖
新 机 器, 欢 迎 你 长 期 住 在 这 里。

保尔的母鸡

挪威民歌

1=F 2/4

1 | 1 3 | 5 | 5 3 | 6 | 6 4 | 5 | 5 |
保 尔 把 母 鸡 都 赶 进 了 谷 场,
老 狐 狸 抓 住 了 可 怜 的 母 鸡,
忽 然 间 看 见 了 磨 坊 的 车 轮,

```
4    4  2 | 3   3  1 | 2   2  7̣ | 1    -   |
让   它们  安   全地  寻   找食   粮光。
等   保尔  赶   到时  早   已吃   光。
聪   明的  小   保尔  有   了主   张。

1    1  3 | 5   5  3 | 6   6  4 | 5    5   |
他   知道  树   林中  有   一只  狐狸，
小   保尔  痛   骂着  来   了两  贼，
他   回家  背   来了  两   口袋  小麦，

4    4  2 | 3   3  1 | 2   2  7̣ | 1    -   |
因   此他  时   刻在  小   心提  防。
拼   命地  用   石头  追   击着  它。
磨   成了  面   粉是  又   白又  香。

‖: 5   0  3 | 1   1  3 | 2   2  1 | 7̣   5̣ :‖
"咯    咯  咯"  有只  鸡   忽然  叫   嚷，
那    狐狸  一边  笑   一边  溜   掉，
"哈    哈  哈"  保尔  高   兴地  喊   道:

1    1  3 | 5   5  3 | 6   6  4 | 5    5   |
保尔  一  边  跑   一边  喊:"我  得救  它，
保尔  他  叹   气   说:"有  什么  办法，
"丢   失  了母  鸡   有   面粉  来补  偿，

4    4  2 | 3 3 3 1 | 2   2  7̣ | 1̇   -   ‖
不   然我  怎么  回去  见   我的  娘。"
我   只好  低着  头去  见   我的  娘。"
我   可以  安心  回去  见   我的  娘。"
```

《保尔的母鸡》演唱提示：歌曲的旋律简洁明了，整首歌曲是用完全重复的方法构成的，所以简单易唱。只要会了开始八小节和中间的八小节，也就学会唱整首歌曲了。注意中间八小节的节奏要准确，要唱得干净利索。演唱时声音要有弹性，不要把声音唱得过重，要让声音流动起来，否则会把歌曲唱得呆板笨重，影响歌曲内容和情绪的表达。要尽可能把歌词唱得清晰准确。

生日歌

1=G 3/4

英美儿歌

5 5 | 6 5 1 | 7 - 5 5 | 6 5 2 | 1 - 5 5 |
祝你　生日快乐，　祝你　生日快乐，　祝你

5 3 1 | 7 6 44 | 3 1 2 | 1 - 0 ‖
生日快乐，　祝你生日快乐。

又见炊烟

1=♭E 2/4

海沼实 曲
庄奴 词

5. 3 | 6 5 3 2 | 1 6 1 | 5 - | 6. 6 | 5 1 2 | 3 - | 3 - |
又　见炊烟升　起，　暮色罩大地，
又　见炊烟升　起，　勾起我回忆，

5. 3 | 6 5 3 2 | 1 6 1 | 5 - | 5. 5 6 | 5 3 2 3 2 | 1 - | 1 - |
想　问阵阵炊　烟，你要到哪里？
愿　你变作彩　霞，飞到我梦里。

2. 1 | 3 2 | 1 2 3 | 5 - | 6. 6 3 | 5 6 | 5 - | 5 - |
夕　阳　有诗情，黄昏有画意，

6. 6 | 5 3 2 | 0 1 2 4 | 3 1 | 0 2 3 1 | 6 5 6 | 1 — | 1 — :‖

诗　情　画　意　虽然　美丽，　我心中只有你。

1 — | 1 — | 5. 3 | 6 5 3 2 | 1 6 1 | 5 — | 6. 6 | 5 1 2 |

你。

3 — | 3 — | 5. 3 | 6 5 3 2 | 1 6 1 | 5 — | 5. 6 5 3 2 |

1 — | 1 —) ‖ 1 — | 1 — | 6. 6 | 5 3 2 | 0 1 2 4 | 3 1 |

D.S. 你。　诗　情　画　意　虽然　美丽，

0 2 3 1 | 6 5 6 | 1 — | 1 — | 1 0 ‖

我心中只有你。

《又见炊烟》演唱提示： 不带再现的单二部曲式。这是一首优美的通俗歌曲，用美声唱法或民族唱法来演唱通俗歌曲是完全可能的，就像艺术歌曲或民族歌曲用通俗唱法演唱是完全可能的一样。不论用哪种唱法演唱，气息的运用是基本相同的，都讲究气息的支持。演唱时注意不要过分强调音量，不要把腔体过分撑开，应该尽可能唱得自然舒展，避免生硬，这样才能更好地表达歌曲的情绪和意境。

水龙头

金月苓 曲
卞国勇 词

1=F 2/4

```
5  5   5  5  | 5  5   5  5  | 1  1  1  1  | 1  1  1  1  | 3  3  3  3  | 3  3  3  3  |
滴  滴  滴  滴    滴  滴  滴  滴，   滴  滴  滴  滴    滴  滴  滴  滴，   滴  滴  滴  滴    滴  滴  滴  滴
```

```
5  -  | 5.  0  | 3  2  1 | 5  -  | 3  2  1 | 5  -  |
滴，        谁  哭   啦，   泪  汪  汪，
```

```
1.  5  1  2 | 3  0  5 | 2  -  2 | -  3 | 2  1 | 6  - |
小  弟弟(呀)  到     处  瞧。         不     知 是  谁
```

```
3  2  1 | 6  -  | 5  6  5  6 | 2  0  3 | 1  -  1  - |
洗  完  手，       没 把 龙 头  来     关 好。
```

```
‖: 3.  4  5 | -  | 3.  4  5 | -  | 2  3  4  5 | 4  3 |
   水  龙 头，       不  要 哭，      把 你 眼 泪  来 擦
```

```
2  -  2  -  | 3  2  1 | 6  -  | 5  1  2 | 3  -  |
掉。           对 着 龙  头     说 再 见，
```

```
5  4  3  1 | 5  2 | 1  -  1  - | 1  0 :‖
龙 头 对 我  微 微   笑。
```

在那空荡荡的田野上

俄罗斯民歌
薛 范 译配

$1=\flat B$ $\frac{2}{4}$

（歌谱）

在 那　空 荡 荡 的　田 野　上，　　　　　只 见
我 那　长 头 发 上　结 了　霜，　　　　　雪 花
明 亮 的　眼 睛 朝 我　心 里　望，　　　　害 我

月 亮 在 飘 荡，　　它 在 高 高 天 空 闪 银 光，
扑 在 我 脸 上，　　快 来 迎 接 我 吧 好 姑 娘，
晕 头 转 了 向，　　有 了 爱 人 生 活 喜 洋 洋，

照 得 田 野 亮 堂 堂。　　尽 情 唱 吧 唱 吧，
等 在 你 家 大 门 旁。
没 有 爱 人 也 无 妨！

小 铃 铛，　　歌 声 清 脆 又 响 亮。

哎，　小 伙 子 真 有 好 胆 量，　　啊 哈，

姑 娘 真 漂 亮。

《在那空荡荡的田野上》演唱提示：单二部曲式结构，第二部分有副歌的性质。演唱这首歌曲有一定的难度，因为歌曲音域较宽，音与音之间的音程跨度较大。歌曲的第三乐句是第一乐句的完全重复，第四、第六乐句是第二乐句的变化重复。演唱第一、第三乐句时，注意用积极的气息支持唱出和弦分解音，第二、第四、第六乐句要求充分打开口咽腔，使声音饱满、共鸣充分。难点是歌曲的最后一句"啊哈"两字的九度跳进，需要有积极的气息支持才能使声音饱满圆润，并能自由延长时值。

人们叫我唐老鸭

薛 范 译配

1=G 2/2

```
1  1  1  5̣  | 6̣  6̣  5̣  -  | 3  3  2  2  | 1  -  -  5̣  |
人 们 叫 我   唐 老 鸭,      哎 咿 哎 咿   哦,       在

1  1  1  5̣  | 6̣  6̣  5̣  -  | 3  3  2  2  | 1  -  -  5̣ 5̣ |
农 场 上 有   我 的 家,      哎 咿 哎 咿   哦,       每 天

1  1  1  5̣ 5̣ | 1  1  1  -  | 1 1 1  1 1 1 | 1 1 1 1  1  1 |
嘎 嘎 叫,每 天  叫 嘎 嘎,    嘎 嘎 叫 叫 嘎 嘎, 每 天 起 来 嘎 嘎,

1  1  1  5̣  | 6̣  6̣  5̣  -  | 3  3  2  2  | 1  -  -  -  ‖
人 们 叫 我   唐 老 鸭,      哎 咿 哎 咿   哦。
```

莎丽楠蒂

1=E 4/4

印度尼西亚民歌

```
0 5  6 5 ‖: 3. 4  2.#1 2 3 | 1 - 01 34 | 5. 6  4.3 45 |
沙 丽 楠  蒂，亲 爱 的 姑  娘，  你 为 什  么 两 眼  泪 汪
```

```
3 -  0111 | 6. 7  1111 7 6 | 5 -  0351 | 7  65 2.2 45 |
汪？  亲 爱 的 爸  爸 亲 爱 的 妈  妈！  是 尘 埃 吹  进 了 我 的 眼
```

```
3 -  0111 | 6. 7  1111 7 6 | 5 -  0351 | 7  65 2.2 43 |
睛，  亲 爱 的 爸  爸 亲 爱 的 妈  妈！  是 尘 埃 吹  进 了 我 的 眼
```

```
|1.                        |2.
1 -  0 5  6 5 :‖ 1 -  ‖
睛。  沙 丽 楠  睛。
```

《莎丽楠蒂》演唱提示：由6个乐句构成的单一部曲式，其中第二乐句是第一乐句的自由模进，第五乐句是第三乐句的重复，第六乐句是第四乐句的变化重复，歌曲音域十度。歌曲从低区开始，演唱时注意不要压喉，要轻松自如地唱出前三个字，向上六度跳进时不要用力。第三乐句开始向上六度跳进时，要注意在前面做好准备，跳进时气息和声音要互相呼应，口腔充分打开。注意声音要集中，胸腔共鸣和头腔共鸣要自然相联系，保持声音畅通。

数鸭子

胡小环 曲
王嘉祯 词

1 = C 4/4

X   X   X X X | X X X X X 0 | X X X X X X | X X X X X 0 |
门   前   大 桥 下，   游过 一群 鸭，   快来 快来 数一 数，   二四 六七 八。

‖: (i i 5 5 3 6 5 3 | 2 1 2 3 1 0) 3 1 3 3 1 | 3 3 5 6 5 0 |
                                                    门 前 大桥 下，   游过 一群 鸭，
                                                    赶 鸭 老爷 爷，   胡子 白花 花，

6 6 6 5 4 4 4 | 2 3 2 1 2   0 | 3   1 0 3   1 0 | 3 3 5 6 6 0 |
快来 快来 数一 数，   二四 六七 八。   咕 嘎 咕 嘎   真呀 真多 呀，
唱呀 唱着 家乡 戏，   还会 说笑 话。   小 孩 小 孩   快快 上学 校，

i 5 5 6   3 | 2 1 2 3 5   — | i 5 5 6   3 | 2 1 2 3 1   — :‖
数 不清 到 底   多 少 鸭，   数 不清 到 底   多 少 鸭。
别 考个 鸭 蛋   抱 回 家，   别 考个 鸭 蛋   抱 回 家。

X   X   X X X | X X X X X 0 | X X X X X X | X X X X X 0 |
门   前   大 桥 下，   游过 一群 鸭，   快来 快来 数一 数，   二四 六七 八。

绣荷包

1=ᵇE 2/4

山西民歌

```
‖: 5 5  i 2 | 5 4 5. ‖ i 5 6 5 4 2 | 1 — | 2 5  i | 5 6 4 2 1 |
```

初 一 到 十 五，　　十五 的 月 儿 高，　　那 春 风 摆 动
一 绣 一 只 船，　　船上 张 着 帆，　　里 面 的 意 思

```
4 4 2 1 2 6. | 5. — | (2 5  i | 5 6 4 2 1 | 4 4 2 1 2 6. | 5. — ) |
```

杨 呀 杨 柳 梢。
情 郎 你 去 猜。

```
5 5  i 2 | 5 4 5. | i 5 6 5 4 2 | 1 — | 2 5  i | 5 6 4 2 1 |
```

三 月 桃 花 开，　　情人 捎 书 来，　　捎书 书，带信 信，
二 绣 鸳 鸯 鸟，　　栖息 在 河 边，　　你依 依，我靠 靠，

```
4 5 5. 6. 1 | 5 4 5. ‖ (4 5 6  i | 5 4 5. ) :‖ 5 5  i 2 | 5 4 5. |
```

要 一 个 荷 包 袋。　　　　　　　　郎 是 年 轻 汉，
永 远 不 分 开。　　　　　　　　妹 如 花 初 开，

```
i 5 6 5 4 2 | 1 — | 2 5  i | 5 6 4 2 1 | i i  i 2 6 i | 5 4 5. |
```

妹 如 花 初 开，　　收 到 这 荷 包 袋，　　郎 你 要 早 回 来。

```
( i i  i i 6 4 | 5  0 ) ‖
```

　　《绣荷包》演唱提示：由两个乐句及其反复构成的单一部曲式。歌曲短小简练，节奏明晰活泼，旋律优美动听。要找准适合演唱的调高，做到唱高音不挤不吊，唱低音不压不虚。开始"初一"两字要找准歌唱的共鸣点，唱在高位置上，口腔要有充分打开的感觉。在积极的气息支持下向上进行到"到十五"，唱闭口音"十"字时口腔后部不要太用力，要感觉硬腭向上抬起，才能唱出这个高音，并且做到字正腔圆。

火车开了

1 = C 2/4

匈牙利儿歌

1 1	3 3	5 5	6 5	4 3	2	1	-

咔 嚓 咔 嚓 咔 嚓 咔 嚓, 火 车 开 啦,

1 1	3 1	5 5	6 5	5 3	2	1	-

咔 嚓 咔 嚓 火 车 跑 得 多 么 好,

4 5	6	6	-	i 7	6	5	-

火 车 司 机 开 着 火 车,

i 5	3 1	5 5	6 5	4 3	2	1	-

咔 嚓 咔 嚓 咔 嚓 咔 嚓, 向 前 奔 跑。

德涅泊尔河掀起了怒涛

1=F 3/4

慢速

乌克兰民歌
薛 范 译配

```
 6  1  3 │ 6  -  3 │ 2  -  1 │ 1  -  - │ 7  -  - │ 2  3  4 │
德 涅 泊尔   河    掀  起    了  怒       涛,          汹 涌 澎
惨 白 月     亮    被  乌    云  遮       掩,          忽 明 忽
小 小 村     庄    还  睡    在  梦       境,          报 晓 晨
```

```
 3  -  2 │ 1  -  7 │ 6  -  - ║: 3  6  7 │ i  -  7 │ 6  -  3 │
湃,   奔 腾   咆  哮,       高 高 白  杨   不  断   地
暗,   徘 徊   中  天,       仿 佛 扁  舟   出  没   于
鸡,   还 未   啼  鸣,       林 间 枭  鹰   遥  遥   相
```

```
 5  -  4 3 │ 2  -  - │ 2  4  6 │ 3  -  2 │ 1  -  7 │ 6  -  - :║
弯     腰,       狂 风 呼   啸,   乱 叶   飞  飘。
波     澜,       随 波 起   伏,   时 沉   时  现。
呼     应,       断 折的 桦  树,   挣 扎   呻  吟。
```

《德涅泊尔河掀起了怒涛》演唱提示：由起承转合的4个乐句构成的单一部曲式。体会四三拍节奏和旋律的进行特点。歌曲从低音开始按照和弦分解形式上行，第一个音要找准歌唱共鸣位置，不要压迫喉头，不要过分追求音量，要用吸气时的状态自然地唱出第一个音。第三乐句出现全曲最高音，要在"高高白"三个字上做好铺垫，要把口腔自然打开，气息逐渐加强支持的力度；在高音"杨"字上要感觉上口盖儿向上抬起，口咽腔充分打开，气息支持点不要上提，使声音共鸣充分而音量有所控制。

太阳好爸爸，月亮好妈妈

蒋振生 曲
倪和文 词

1=F 2/4

3 3 6	6 5 3	5 3 5 6	6 —
小 木 马，	告 诉 你，	告 呀 告 诉 你，	
布 娃 娃，	告 诉 你，	告 呀 告 诉 你，	

6· 6· 3 3 3	2 5 3	2 6 6 1 3	2 —
太 阳 是 我 的	好 爸 爸，	是 我 的 好 爸 爸。	
月 亮 是 我 的	好 妈 妈，	是 我 的 好 妈 妈。	

3· 3 6 6	6 5 3	6· 6 2 2 2	3 1 2
太 阳 爸 爸	拥 抱 我，	给 我 美 丽 的 七 彩 霞，	
月 亮 妈 妈	亲 亲 我，	讲 述 故 事 的 悄 悄 话，	

7 —	6· 3	5 6 6 2	2 1 2
盼	望 呀	盼 呀 盼 呀 盼，	盼 我
盼	望 呀	盼 呀 盼 呀 盼，	盼 我

1.

3 5	7 5	6 5 5	6 — ‖
长 大	建 国	家， 建 国 家。	
长 大	建 国		

2.

6 5 5	6 — ‖
家， 建 国 家。	

弥渡山歌

云南弥渡民歌

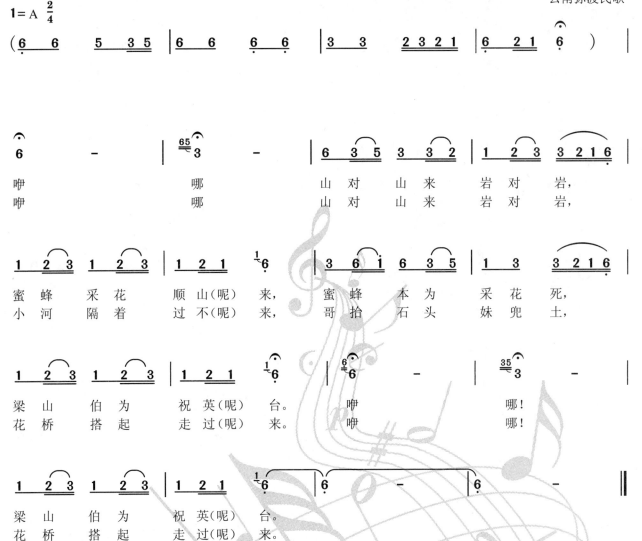

《弥渡山歌》演唱提示： 由 3 个乐句构成的单一部曲式。节奏欢快活泼，旋律优美，可唱性强。歌曲的第二、第三乐句是第一乐句的变化重复。歌曲开头的"咿哪"二字要唱在相同的共鸣位置上，"咿"字唱时气息要深，喉头要放下来，做到不挤不吊，还要有高位置，也就是要把这个闭口音宽唱。"哪"字唱时口腔自然打开，要感觉是在"咿"字的歌唱共鸣位置上唱出的。要注意咬字吐字清晰，要唱得轻快流畅而不生硬。另外要注意安排好气口。

两只老虎

1=F $\frac{4}{4}$

法国儿歌

| 1 2 3 1 | 1 2 3 1 | 3 4 5 - | 3 4 5 - |

两 只 老 虎， 两 只 老 虎， 跑 得 快， 跑 得 快，

| 5 6 5 4 3 1 | 5 6 5 4 3 1 | 3 5 1 - | 3 5 1 - |

一只 没有 眼 睛， 一只 没有 尾 巴， 真 奇怪， 真 奇怪，

小白鹅

1=F 3/4

捷克民歌

| 1 3 | 5 | 5 | 5 6 | 5 4 | 3 | 3 4 | 5 | 3 4 | 5 | 4 3 | 4 |

小　白　　鹅　　想　过　河，　从　高　处　往　下　飞。
掉　进　了　小　河　里，　它　把　河　水　全　喝　光。
没有水　再往　小啤　酒里放，　也没有水　再往　烧酒里放。

| 2 3 | 4 | 4 | 4 5 | 4 3 | 2 | 2 3 | 4 | 2 3 | 4 | 3 2 | 3 |

它　没　有　飞　过　去，　掉　进　了　小　河　里。
酒店老板　着　过　了　慌，　没有水　再往　小酒里　放。
姑　娘们　着　了　慌，　没有水　用什么　来　洗　澡？

| 1. | 3 5 3 | 3 | 2 #1 2 | 2. | 4 6 4 | 4 | 3 2 3 |

嗒啦　啦啦啦啦　　啦啦啦，　嗒啦　啦啦啦啦　啦啦啦，

| 1. | 3 5 3 | 3 | 2 #1 2 | 6 5 | 4 | 7 1 | 2 | 1 7 | 1 : ‖ |

嗒啦　啦啦啦啦　　啦啦啦，　啦啦啦　啦啦啦　啦啦啦。

《小白鹅》演唱提示：由4个乐句构成的单一部曲式，歌曲主要是用重复和模进的方法发展而成的。四三拍号，要用心体会节奏和旋律进行的特点。注意把歌曲中的临时变化音和减五度音程唱准。歌曲音域不宽，适合做发声和歌唱练习。先找到一个合适的调高唱歌词或唱名，然后半音上行或下行逐渐移调进行发声或歌唱练习，对学习者是很有益处的。歌唱时腔体要适当打开，不能过分用力，用稍弱的力度演唱对歌曲情感表达和声音训练都很有好处。

音阶歌

1= C 2/4

惊 涛 词曲

1 3	5	6 6	5	i i	7 6	5	—

小 朋 友，　　来 唱 歌，　　do do si la sol,

1 3	5	6 6	5	4 4	3 3	2	—

你 也 唱，　　我 也 唱，　　fa fa mi mi re,

1 3	5	i 7 6	5	1 3	5	4 3 2	1

唱 什 么？　　do si la sol,　　唱 什 么？　　fa mi re do,

1. 2 3 4	5 6	7	i 7 6 5 4	3	2	1	—

do re mi fa sol la si,　　do si la sol fa mi re do。

甜蜜蜜

佚 名 曲
庄 奴 词

1=D 4/4

（歌谱，含歌词：）

甜蜜蜜，你笑得甜蜜蜜，好像花儿开在春风里，开在春风里。

在哪里，在哪里见过你，你的笑容这样熟悉，我一时想不起。

啊，在梦里，梦里梦里见过你，甜蜜笑得多甜蜜，是你，是你，梦见的就是你。

悉，我一时想不起。

《甜蜜蜜》演唱提示：这是一首带再现的单三部曲式的通俗歌曲。乐句重复较多，音域只有九度，视唱歌谱和唱歌词不会有困难。歌词押"一七"辙的韵，是闭口音，唱起来有点儿困难，特别是对于发声练习总是用开口音的学习者要更困难一些。其实，闭口音的字和开口音的字在气息的支持上和歌唱共鸣位置上是完全一致的，不同的是口腔打开的程度不一样，舌面位置有些不同而已。唱"一七"辙的字时，注意舌头不要紧张，喉部放松，感觉声音脱离开脖子，上下贯通就可以了。

春天来了

1=C 4/4

德国儿歌

1·	3 5	i	6	î 6 5	—	4·	5 3	1	2 2	1·	0

小　　鸟小　　鸟　　飞　来了，　　欢　聚一　起　真　热　闹。
小　　鸟小　　鸟　　多　高兴，　　自　由自　在　真　飞　翔。
小　　鸟为　我们　　祝　福，　　　大　家记　在　心　上。

5	5 5 4	4	3	5 3 2	—	5	5 4	4	3	5 3 2	—

动　听的歌　儿　　唱　起来，　　叽　叽喳　喳　唱　不　停。
山　鸟画眉　白　头翁，　　　　整　整来　了　一　大　群。
我　们的生　活　多　欢畅，　　跳　舞游　戏　又　唱　歌。

1·	3 5	i	6	î 6 5	—	4·	5 3	1	2 2	1·	0

春　　天就　　要　　来　到了，　　我　们愉　快地　在　歌　唱。
祝　　你一　　年　　都　快乐，　　我　身体　健康　多　幸　福。
在　　山谷　里在　田　野上，　　欢　乐歌　声　响　四　方。

卡吉德洛森林

1=C 3/4

波兰民歌

1 1 1	2 — 6̣	1 — —	5̣ — —	3 3 3	4 — 6

哦，卡吉　德　　洛森　　林，　　喷　溅着　泉
请你们别　洛把　水姑　　饮，　　它　已被　弄　行
漂漂亮亮　被把　的她姑弄　浑，　　做　出这种　会　澄
泉水已被　她弄

2 - -	2 - -	4 6 <u>6 0</u>	3 5 <u>5 0</u>	2 4 <u>4 0</u>	1 3 <u>3 0</u>
水，		行 路 人，	车 上 人，	行 路 人，	车 上 人，
浑，		这 姑 娘 真	不 好，	把 泉 水 给	弄 浑，
为，		她 脸 上 涂	着 粉，	她 眼 睛 生	得 美，
清，		我 们 都 不	打 扮，	但 比 她 美	几 分，

2 3 2	1 - 2	3 - -	5 - -	4 6 <u>6 0</u>	3 5 <u>5 0</u>
都 要 来	喝 水。			行 路 人，	车 上 人，
把 泉 水	给 弄 浑。			这 姑 娘 真	不 好，
但 她 弄	浑 了 水。			她 脸 上 涂	着 粉，
但 比 她	美 几 分。			我 们 都 不	打 扮，

2 4 <u>4 0</u>	1 3 <u>3 0</u>	2 3 2	6̣ - 7	1 - - ‖
行 路 人，	车 上 人，	都 要 来	喝 给	水。
把 泉 水 给	弄 浑，	把 泉 水 给	弄	浑。
她 眼 睛 生	得 美，	但 她 弄	浑 了	水。
但 比 她 美	几 分，	但 比 她	美 几	分。

　　《卡吉德洛森林》演唱提示：由6个乐句构成的单一部曲式。歌词富有哲理性，说明人只有善良才是最美的。第五、第六乐句是第三、第四乐句的变化重复。注意体会四三节拍歌曲的节奏和旋律进行特点。全曲音域只有九度，演唱起来较容易。找到适合的调高，把第一个音唱在正确的歌唱位置上，后面的歌词就会很自然地唱出来。注意休止符的时值准确，不要为了追求声音而占用了休止符的时值。第三、第五乐句是用模进的方法构成的，演唱时注意气息的支持，使声音有弹性。

保护小羊

1 = F 2/4

傈僳族民歌

1	3 2	1	5̣	1	3 2	1	5̣
一	群　小	羊	上	山	冈	呀，	
大	象　伸	出	长	鼻	子	呀，	

5·	3	2	5	3 2	1 2	3	0
突	然	来	了	三　只	狼，		
狗	熊	举	起	大　手	掌，		

1	3 2	1	5̣	1	3 2	1	5̣
朋	友　们	呀，	快	快	来	呀，	
小	刺　猬	呀，	小	猎	狗	呀，	

5·	3	2	5	3 2	1 2	1	—
快	来	保	护	小　绵	羊。		
团	结	起	来	小　赶	豺　狼。		

凤阳花鼓

安徽民歌

1=♭E 4/4

```
5̲3̲ 2̲3̲ 5 -  | 3̲5̲ 6̲1̲ 5 -  | 5 5  1̇ 6  5̲3̲ | 2̲5̲ 3̲2̲1 - |
```
左　手　锣，　　右　手　鼓，　　手拿　着锣　鼓　来　唱　歌。

```
1 1  6̣ 5  5̲3̲ | 2̲2̲ 2̲3̲ 5 -  | 5 5  1̇ 6  5̲3̲ | 2̲5̲ 3̲2̲1 - |
```
别的　　歌　儿　我也　不会　唱，　　单会　　唱　个　凤　阳　歌。

```
5  5̲3̲2̲ 1̲2̲3̲5 | 2̲1̲ 6̣2̲1 -  | 5  3̲2̲1̲6̣ 1 | 5  3̲2̲1̲6̣ 1 |
```
凤　阳　歌，　　哎　哎哎　呀。　　（得儿　另当　飘一　飘，　　得儿　另当　飘一　飘，

```
5  3̲0̲ 5  3̲0̲ | 5̲1̲ 5̲1̲ 1̲6̣ 1 | 1̲1̲ 1̲6̣ 1 - |
```
得儿　飘　得儿　飘　　得儿飘　得儿飘　飘一　飘，　　得儿飘　飘一　飘。）

《凤阳花鼓》演唱提示：歌谱很适合用来做发声练习，建议用正确的气息支持和共鸣位置多唱几次歌谱，对开口音和闭口音之间正确转换很有帮助。难点是"别的歌儿我也不会唱"开始的七度跳进，"别的"二字在低音时不要过分强调音量，不要压迫喉头，要把低音自然带过；向上七度跳进时气息要深、要有支持点，不能向上提气，口腔要迅速打开，但不要过分用力，这样才能顺利地由低音的闭口音向上跳进到高音的开口音。注意咬字、吐字准确清晰，特别是后面的衬句部分。

邮 差

1=♭A 3/4

德国民歌

```
3   -   5  | 1   -   3  | 5̣   5̣   5̣  | 1   3   5  |
邮       差，  邮       差，  为   什   么   还   不   来？
邮       差，  邮       差，  有   没   有   我   的   信？

3   -   5  | 1   -   3  | 5̣   5̣   5̣  | 1   -   0  |
邮       差，  邮       差，  他   在   哪   里？
邮       差，  邮       差，  他   在   哪   里？

5̣   5̣   5̣  | 1   3   3  | 5̣   5̣   5̣  | 1   3   5  |
他   匆   忙   跑   过   来，  他   匆   忙   跑   过   来。
为   什   么   慢   腾   腾？  为   什   么   慢   腾   腾？

3   -   5  | 1   -   3  | 5̣   5̣   5̣  | 1   -   0  ‖
你       看，  你       看，  这   就   是   他。
对       了，  对       了，  这   是   我   的。
```

清津浦船歌

1=B 6/8

朝鲜民歌

| 6 | 6 | 6· | 6 | 6 5 3· | | 3 | 7 | 7 | 7 | 6 | 6 5 3· 2 3 |

清津　浦　　港口上，　碧　绿　的　波涛荡　漾，
拔起锚，　　乘着　浪，　春　风　吹得帆　儿鼓　胀，

| 1 | 2 | 2 | 2 | 3 | 6· 5 6 5 3· 2 3 | 2· 5 3 2· 1 6 | 2 | 2 | 2 | 0 |

打鱼的船　儿乘　风前　往，哎嗨呦去把鱼　儿装。
在那海洋　上捕　鱼的船　儿呀，快把这鱼　儿装满舱。

| 6· 1 6 | 2 | 2 | 6· 1 6 | 2 | 2 | 6 | 6 6· 5 6 5 | 3· 5 3 2· 1 7 |

隆　格儿咚　锵隆　格儿咚　锵，你　也咚　锵，我也咚　锵，
隆　格儿咚　锵隆　格儿咚　锵，快　快来　把漂　儿收起，

| 6· | 2 | 2 | 3 | 6· 5 6 5 3· 2 3 | 2· 5 3 2· 1 6 | 2 | 2 2· |

大家一　起来　撒渔　网，哎嗨呦一　齐撒　渔网。
大家一　起来　收渔　网，哎嗨呦一　齐收　渔网。

《清津浦船歌》演唱提示：由起承转合的 4 个乐句构成的单一部曲式。八六拍，具有典型的朝鲜民族民歌风格，认真体会歌曲的节奏和旋律进行特点。多唱这首歌的歌谱唱名对训练声音很有帮助。歌曲从高音区开始，要有积极的气息支持，感觉口腔充分打开，找到头腔共鸣位置，让声音向外唱出。"清津浦"三个字是闭口音而且在高音区，唱起来有一定的难度，最好用歌谱的唱名歌唱位置带出这三个字，闭口音要宽唱，脖子要放松。

蒲公英

金月苓 曲
童谣

1=♭A 3/4

(3 4 | 5 - 3 4 | 5 - 1235 | 6. 5 3 |

2. 1 6 | 5. 3 26 | 1 - - | 1 -) 5 6 |
　　　　　　　　　　　　　　　　　　　　草 地

1. 3 23 | 1 - 5 6 | 1. 3 26 | 5 - 6 1 |
上，　风 儿 吹，　蒲 公 英，　打 瞌 睡，　梦 见

2. 3 1 | 1 6 5 6 | 5. 3 26 | 1 - - ‖
怀 里 小 宝 宝，变 成 伞 兵 满 天 飞。

摇篮曲

施光南 曲
付 林 词

1=D 3/4

(3 5. 1 | 6 5. 3 ‖: 3 5. 1 | 6 5. 3) | 5 1 3 6 6 5 |
　　　　　　　　　　　　　　　　　　　　　　　我 心 爱 的 宝
　　　　　　　　　　　　　　　　　　　　　　　我 心 爱 的 宝

5 - 2 | 3 1 1. 6 | 6 5 5 - | 5 - 0 | 5 1 3 6 6 5 |
贝 哟 宝 贝 哟 宝 贝，　　　　　　　月 儿 正 好 你 快
贝 哟 宝 贝 哟 宝 贝，　　　　　　　星 儿 闪 烁 你 快

5 — 2	3̲ 6̲ 6.	5̣	5̣ 1̲ 1 —	1 — 0	6̲ 6̲ 6 2

睡　　哟　你快睡　哟　你快睡。　　　　　爸爸奔波
睡　　哟　你快睡　哟　你快睡。　　　　　妈妈还要

6̲ 6̲ 6 3	6̲ 6̲ 6̲ 6̲ 6. 1	2̲ 5̲ 5 —	3̲ 3̲ 3 6̣	3̲ 3̲ 3 5̣

在群山里，　战斗在科　学考察队。　待到山花　开满地哟，
写回信哟，　让你爸　爸心宽慰。　哪怕他走　千万里哟，

3̲ 3̲ 3.	1̲ 1̲	3̲ 2̲ 2 —	5̲ 1̲ 3̲ 6̲ 6̲ 5̲	5 — —	5̲ 1̲ 3̲ 6̲ 6̲ 5̲

我们迎　接他　凯旋归。　月亮　望你　洒银
我们和　他　心相随。　晚风　轻奏　摇篮

5 — —	5̲ 1̲ 3̲ 6̲ 6̲ 5̲	5̲ 1̲ 1̲ 3̲ 3̲ 6̣	6̲ 5̲ 5̲ 2̲ 2̲ 1̲	1 — —	1 — 0 :‖

辉，　妈妈看你入梦　寐，入梦寐。
曲，　宝贝宝贝你快

6̲ 5̲ 0 5̲ 2̲	2 — 2̲ 1̲	1 — —	1 — —	1 — —	1 0 0 ‖

睡，　你　快睡。

　　　《摇篮曲》演唱提示：由6个乐句构成的单一部曲式，四三拍节奏运用很有特点。摇篮曲是唱给婴幼儿的具有催眠作用的歌曲，一般用中等的速度和中弱的力度来演唱。演唱这首歌曲要注意力度的控制，演唱力度的控制关键在于气息的控制。吸气要平稳从容，吸气时两肩和胸部不要有过大的动作，吸气量不要过大，只要腹部和腰围有扩张的感觉就可以了。如果吸气量过大会造成歌唱器官的僵硬和紧张，直接影响歌唱的音色。歌曲前五个乐句都可以在每个乐句的第二小节后吸气，第一段歌词的最后一句和第二段歌词的最后一句都是在第三小节的第一拍后吸气。吸气要干净利索，动作不宜过大。

拍拍踏踏

1=F 3/4

美国歌曲

1	1	3 3	5	3	1	7.	0	6>	5>	0	0

来，　让　我们　这　样　拍　手，　　（拍　　拍）
来，　让　我们　这　样　踏　脚，　　（踏　　踏）

7.	7.	2 2	4	2	7.	1	0	6>	5>	0	0

来，　让　我们　这　样　拍　手，　　（拍　　拍）
来，　让　我们　这　样　踏　脚，　　（踏　　踏）

1	1	3 3	5	3	1	7.	0	6>	5>	0	0

来，　让　我们　这　样　拍　手，　　（拍　　拍）
来，　让　我们　这　样　踏　脚，　　（踏　　踏）

7.	7.	2 2	4	2	7.	1	0	5>	1>	-	-

来，　让　我们　这　样　拍　手。　　（拍　　拍）
来，　让　我们　这　样　踏　脚。　　（踏　　踏）

瓦城的花朵

1=F 4/4

缅甸民歌

11 22 33 55 | 66 765 - | 6 3 5 1 | 32 17 6 - |

百花 开放 有白 有蓝 有红 也有 黄, 鲜 花 朵 朵 娇艳芬 芳。

72 56 76 5 | 2. 23 1 2 - | 35 23 12 6 2 | 1 - - - ‖

瓦 城的花 朵 人 人都喜 欢, 瓦城 花朵 人人 喜 欢。

‖ 6 1 4 - | 56 56 17 63 | 05 63 05 63 | 2 - - - |

春 风 吹遍 大地 多么 清凉, 优美的 歌声悠 扬!
春 风 吹遍 大地 多么 清凉, 优美的 歌声悠 扬!

6 55 6 2 | 06 75 06 75 | 66 11 22 33 | 5 - - - ‖

瓦 城的节 日, 青年们 真欢畅, 大家尽情跳舞又歌 唱!
瓦 城的节 日, 青年们 真欢畅, 祝福你们新年更健 康!

67 5 66 6 | 35 1 22 2 | 0 32 3 6 | 15 63 52 37 |

姑娘 们, 快快来, 多泼 水, 多愉 快, 泼湿衣 裳 像那花朵含露开放,

6 76 5 6 | 52 31 26 72 | 1 - - - ‖

泼 湿了衣 裳 像那花朵含露开 放。

《瓦城的花朵》演唱提示：不带再现的单三部曲式。注意体会歌曲的节奏和旋律特点，掌握歌曲的风格。歌曲的第一部分开始是音阶式上行旋律，要求起音唱在高位置上，气息积极支持而不上提，要特别注意把歌词唱清楚。第二部分开始由低音按和弦分解式向上进行，唱低音时腔体不要开得过大，不要压喉，要自然向上流动，接着的"吹遍大地多么清凉"要注意气息的支持点在歌唱过程中始终保持稳定。另外，要把歌曲中后半拍弱起节奏唱准，注意休止符的时值准确。

滑滑梯

韩德常 曲
佚 名 词

1 = C 2/4

(5· 5 4 3 | 2 1 7 6 | 5 4 3 2 | 1 3 | 1 -) |

1 1 3 2 | 3 4 5 | 5· 1 7 6 | 5 - |
排 好 队 呀 滑 滑 梯，滑 滑 梯，

5· 6 5 4 | 3 5 2 | 3 5 1 3 | 2 - |
大 家 不 推 也 不 挤，不 推 也 不 挤，

3· 4 | 5 - | 5· 6 | 5 - |
慢 慢 上， 别 着 急，

5· 1 7 6 | 5 6 5 4 | 3 5 2 3 | 1 - |
啦 啦 啦 啦 啦 啦 啦 啦，滑 滑 梯。

(1 2 3 4 | 5 6 7 2 | 1 0 5 0 | 1 -) ‖

赶牲灵

1=G 2/4

陕北民歌

4 5 | 5 1 | 6. 5 3 2 | 2 | 7 i | 2 - |

走 头 头 的（那 个） 骡 子 （哟），
白 脖 子 的（那 个） 哈 巴 （哟），
你 若 是 我 的 哥 哥 （哟），

2 - 5 | 6 5 | 2. 2 i 6 | 4 5 - |

三 盏 盏 的（那 个） 灯，
朝 南 的（那 个） 咬，
招 一 招（那 个） 手，

5 | 2 2 | 2 2 5 | 2 i 2 | i 6 5 |

（哎 呀） 带 上 的（那 个） 铃 子
（哎 呀） 赶 牲 灵 的（那） 人 儿
（哎 呀） 赶 你 不 是 我 的 哥 哥

2 7 i | 2. 5 5 | i 7 6 | i 5 - ‖

（哟 噢） 哇 哇 的（那 个） 声。
（哟 噢） 过 走（呀） 来 了。
（哟 噢） 走 你 的（那 个） 路。

《赶牲灵》演唱提示：由两个乐句构成的单一部曲式。歌曲具有典型的陕北民歌风格，粗犷、豪放，声音高亢。演唱这首歌曲时要根据歌曲的速度和个人演唱能力，以及个人对气息的控制能力来确定气口，吸气不要影响歌曲的表达，吸气的速度要快而不露痕迹。歌曲旋律向上跳进的地方要提前做好准备，在气息积极支持、口腔充分打开的状态下，从容地唱出歌曲的高音。不要为了突出民歌的风格而把声音唱得白、尖、扁而挤压或吊起喉头。正确打开腔体、唱好倚音、处理好强弱力度，同样能完美表现歌曲的民歌风格。

第二部分

大 海

日本儿歌

1 = G 3/4

| 3 | 2 | 1 | 6 2 | 1 | 6 | 5 5 | 1 | 1 | 2 | — | 0 |

大 海 呀， 宽 广 的 宽广的 大 海，
大 海 呀， 翻 波 浪 呀 蓝蓝的 大大 海，
大 海 里， 漂 着 小 呀 船 漂 着 小 船 呀，

| 3 | 3 | 5 | 3 3 | 2 | 1 | 6 6 | 5 | 2 | 1 | — | 0 |

月 亮 爬 上 来 噢， 太 阳 落 大 海。
一 浪 起 一 浪 落， 你 到 哪 里 去？
就 好 像 要 把 它 呀， 带 到 远 方 去。

种 稻

菲律宾民歌

1 = D 2/4

```
3  4  |  5  i  3  5  |  1    1  2  |  3  3   4  3  |
种 米   种 稻  不 简    单，   每 天   从 早  干 到
```

```
2    2  3  |  4  6  2  4  |  7    7  1  |  2  2  3  2  |
晚，   不 能   坐 也 不 能 站，   不 得  休 息 腿 发
```

```
1    3  4  |  5    3  4  5  |  3  4  |  5  6  7  i  |
酸。   种 稻 米   不  简 单，   每 天   从 早 干 到
```

```
2    2  3  |  4    2  3  |  4    2  3  |  4  45 6  7  |  i  ‖
晚，   不 能   坐   不 能 站，   不 得   休 息 腿 发 酸。
```

《种稻》演唱提示：由4个乐句构成的单一部曲式。歌曲演唱重点是找准吸气的地方，难点是唱准减五度音程。歌曲开始两小节的旋律跳进较多，演唱时要控制好气息，既要保证气息坚定有支持力，又要保证气息富有弹性，才能使声音饱满而流畅。歌曲的第三乐句与第四乐句衔接处要处理好，"每天从早干到晚"旋律音阶式上行到歌曲的最高音，要唱得有控制，不要唱得过开放，高音要干净利索，不要延长时值，迅速吸气后从容地八度下行跳进到第四乐句的第一个音。

打电话

汪　玲　曲

佚　名　词

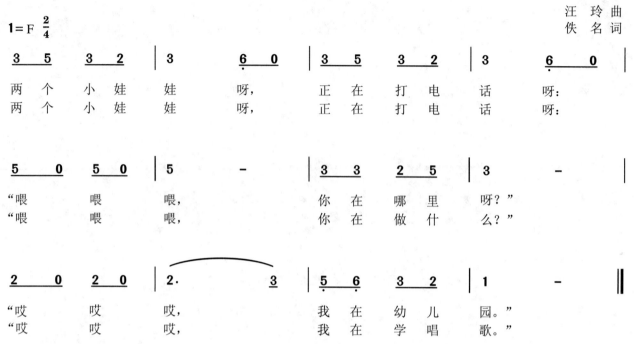

盘舞之歌

1=D 4/4

印度尼西亚民歌

5 | i - - 7 | i - - 5 | i - - 7 | i - - 5 |

快 来 跳 舞， 翩 翩 起 舞， 朋

i 7656 45 | 3. 21 5 | i 7656 45 | 3. 21 4 |

友 来吧,赶快点起 蜡 烛， 光 明 照 耀着我们的 房 屋， 手

6 66 4 56 | 5 - 3 5 | 5 432 32 | 1 - - 4 |

拿 盘子快 乐地 跳， 朋 友， 快携手 来跳舞， 手

6 66 4 56 | 5 - 3 5 | 5 432 32 | 1 - - ‖

拿 盘子快 乐地 跳， 朋 友， 快携手 来跳舞。

《盘舞之歌》演唱提示：可以看作是由 4 个四小节的乐句构成的单一部曲式。歌曲用重复的方法发展而成，第二乐句是由两小节旋律的重复构成的，第四乐句是第三乐句的重复。第一乐句的四小节在歌曲的最高音上进行，演唱时要注意整个上口盖要积极抬起，不能懈怠，气息要积极灵活，气息的支持点要深，感觉上口盖和气息的支持点之间是畅通的，是一个整体。声音要开朗明亮又要集中，不能发散，要唱在高位置上。后面的几个乐句演唱时要注意舌头和嘴皮子运动灵活，咬字吐字要干净清晰。

两只小鸟

1=G 2/4

美国童谣

| 1 | 2 | 3. | 4 | 3 3 | 2 2 | 1 | — |

两 只 小 鸟 坐 在 小 树 上，

| 3 | 4 | 5. | 6 | 5 5 | 4 | 3 | — |

它 叫 丁 丁，它 叫 冬 冬。

| 5 5 | 5 6 | 5 | 0 | 5 5 | 5 6 | 5 | 0 |

丁 丁 飞 走 了， 冬 冬 飞 走 了，

| 5 5 | 3 | | 5 5 | 3 | 4 4 | 2 | 4 4 | 2 |

回 来 吧， 回 来 吧， 回 来 吧， 回 来 吧，

| 5. | 4 | 3 | 2 | 1 | — |

快 快 飞 来 吧。

鹦 鹉

1=C $\frac{3}{4}$

印度尼西亚民歌

```
5 | 5 - 3 | 1 - 3 | 2 - - | 2 0 4 | 4 - 6 |
```
鹦　　鹉　叫　　声　"你　　早！"，　　　鹦　　鹉　　叫
爸　　爸　吸　　着　草　　烟，　　　　妈　　妈　　缝
妈　　妈　早　　晚　叹　　气，　　　　爸　　爸　　不

```
5 - 4 | 3 - - | 3 0 5 | 5 - 3 | 1 - 3 | 2 - - |
```
声　"你　　好！"。　　奶　奶　剩　　下　门　　牙，
着　衣　　裳。　　　　爸　爸　口　　袋　空　　空，
顾　休　　息。　　　　一　家　都　　心　中　悲　　愤，

```
2 0 7 | 7 - 5 | 6 - 7 | i - - | i 0 5 | 3 - 5 | 3 - 5 |
```
她　是　多　么　年　老。　　啦　啦，　啦　啦，　啦
妈　妈　欠　债　重　重。
但　愿　早　日　翻　身。

```
6 6 6 | 6 - 4 | 2 - 4 | 2 - 4 | 5 5 5 | 5 - 5 | 3 - 5 |
```
啦　啦　啦　啦！　啦　啦，　啦　啦，　啦　啦　啦　啦　啦！　啦　啦，　啦

```
3 - 5 | 6 6 6 | 2 - i | 7 - 5 | 6 - 7 | i - - | i - :||
```
啦，　啦　啦　啦　啦　啦！　啦　啦，　啦　啦，　啦　啦！

　　《鹦鹉》演唱提示：带再现的单二部曲式。体会四三拍歌曲的节奏和旋律进行特点。基本上是在四小节左右安排一个气口，要保证休止符的时值不被随意占用。要唱好第三拍弱起节奏。第一部分结束句"她是多么年老"，不要过分强调音量而撑大腔体，从歌曲表现上看此处也不宜处理成很强。第二部分出现全曲的最高音，也是歌曲的高潮部分，经过一小节的铺垫要把这个音唱得饱满辉煌，要注意喉部不要用力，要让声音上下贯通，唱在高的共鸣位置上，延续这种状态和感觉直至歌曲结束。

剪纸歌

宋金征 高占海 曲
宋金征 词

1=D 2/4

```
3·  2  3  5  | 1·      0  | 3·  2  3  5  | 1·      0  |
小  燕  子        真  能  干,

6·     5   | 1   3·  | 5  3  5  3  | 2      -  |
拿  起  剪  刀     剪  呀     剪。

3  5   3  | 3  5   3  | 1  6   5  | 1  6   5  |
剪 只 狗,   汪 汪 汪;    剪 只 猫,   喵 喵 喵;

1  1   5  5  | 3      -  | 2  2  1  2  3  | 1      -  |
剪 只 喜     鹊,      喳 呀 喳 喳    叫。

‖: 5  5  5· | 5  5  5· :‖: 5  5  5   0 | 5  5  5   0 :‖
   喳 喳 喳   喳 喳 喳     喳 喳 喳     喳 喳 喳

2  2  1  2  3  | 1      -  ‖
喳 呀 喳 喳    叫。
```

故乡的小路

徐 露 曲
陈克正 词

1=F 3/4 4/4

5̣ 1 | 3· 33 3̂ 2 | 1 − − 3 4 | 5· #4 6 5 5 |

我那　　故　乡的小　　　　路，　　　是我　　童　年 走过的
我那　　故　乡的小　　　　路，　　　是我　　离　家 走过的

3 − − 5̣ 1 | 3· 33 4̂ 3 | 2 − − 3 4 | 5· 55 2̂ 1 |

路，　　　路旁 盛　开的小　　　花，　　　给我　 欢　乐和幸
路，　　　妈妈 抚　摸着我的衣　　裳，　　轻轻　 对　我 嘱

1 − − 1 | 6· 66 7̂ i | 5 − − 6 5 | 3· 5 1 2 |

福。　　　啊！弯　弯的小　　　路，　　梦中 我　 思　念的
咐。　　　啊！弯　弯的小　　　路，　　梦中 我　 思　念的

3 − − 1 | 6· 66 7̂ i | 5 − − 4 3 | 2· 5̣ 2̂ 1 |

路，　　　啊！路　旁的小　　　花，　　时刻 向　 我　 倾
路，　　　啊！妈　妈的话　　　儿，　　在我 心　 中　 永记

1.
1 − − :‖ **2.** 1 − − 4 3 | 2· 5̣ 2̂ 1 | 1 − − ‖

诉。　　　　　 住。　　　嗯……

《故乡的小路》演唱提示： 单二部曲式结构，第二部分的结尾有一个回顾性质的乐句。歌曲采用四三拍和四四拍交替进行的形式，要认真体会变换节拍的节奏特点。歌曲表达的是作者对故乡和亲人的无限眷恋之情。歌曲从低音区开始，演唱时要有诉说的感觉，不要唱得过于沉重，要求音色柔美而不暗淡。在唱"啊！弯弯的小路"这句时，不要用气息向上顶出声音，要感觉头腔和口腔打开，声音自然向上飘起，而气息在下面和声音互相呼应，不要抬肩提气，要自然舒展。

剪羊毛

澳大利亚民歌

1=C 2/4

```
3    3.2 | 1 1 3 5 | i    i.7 | 6  0 | 5    5.6 | 5    3.1 |
河    那边草原呈现 白    色一片,    好    像是白    云从
绵    羊你别发抖呀 你    别害怕,    不    要担心你    的

2    2.3 | 2  0 | 3    3.2 | 1 1 3 5 | i    i.7 | 6  0 |
天    空飘来,    你    看那周围雪堆 像    冬    天,
旧    皮袄,    炎    热的夏天你 用    不    到它,

2.i 7 6 | 5 4 3 2 | 1    i.7 | i  0 | 2    2 i | 7   2 |
这 是我们 在剪羊    毛,    剪羊毛。    洁    白的羊毛
秋 天你又 穿上新皮    袄,    新皮袄。

i    3 | i    0 | 6    6 7 | i    7 6 | 5    i | 2  0 |
像    丝    绵,    锋    利的剪子 一    咔    嚓    响,

3 3 3 2 | 1 1 3 5 | i    i.7 | 6  0 | 2.i 7 6 | 5 4 3 2 |
只要我们 大家努力 来    劳    动,    幸福生活 一定来

1    i.7 | i  0 ‖
到,    来    到。
```

草原上的家园

美国民歌

1=G 6/8

```
5̲ | 5̲ 1 2 3 1̲7̲ | 6· 4̲ 4 4 3̲4̲ | 5 1 1· 7̲ 1 |
```

在　草　原　上，　水牛　自　由　流　浪，我把　草　原　当　作　家
夜　晚　来　到，　大地　暮　色　苍　茫，群　星　在　闪　闪　发
微　风　荡　漾，　天空　多　晴　朗，随风　飘　散　阵　阵　芳

```
2· 2 | 5̲ | 5̲ 1 2 3 | 1̲7̲ | 6· 4̲4̲ 4 | 4̲4̲ | 3· 2̲1̲ 7̲ 1 2 |
```

乡，　　这儿　难得　听到　诅　咒　和吵闹，黑云　消　失在　天外　远
光，　　我曾　伫立　远望，　默　默　地思量，难道　天　上比　人间　辉
香，　　城市　的灯光，　不论　多　么辉煌，岂能　吸　引我　背离　家

```
1· | 1· | 5· | 4· 3̲ #2̲ | 3· 3 | 3̲4̲ | 5· 1̲1̲ 1· 7̲ 1 |
```

方。　　　家　在草原上，　　无数　羚羊　和小　鹿游
煌？
乡。

```
2· 2 5̲ | 5̲ 1 2 3 | 1̲7̲ | 6· 4̲4̲ 4 | 4̲4̲ | 3· 2̲1̲ 7̲ 1 2 | 1· | 1 ‖
```

荡，　　这儿　难得　听到　诅　咒　和吵闹，黑云　消　失在　天外　远　方。

　　《草原上的家园》演唱提示：优美抒情的一首美国民歌。音域只有八度，很适合发声练习和歌唱训练。歌曲表达的是在美国这个民主、发达、富强的国度里，人们更加向往恬静自然的田园生活。应该用自然柔美的音色演唱歌曲。选择最合适的调高，开始的低音要唱得自然舒展，不压喉不撑喉，不过分追求音量。难点是正确把握气口，可在两小节吸气一次；吸气前的音符时值要唱得干净利索，不延长，吸气要积极迅速，注意气息下沉，不要抬肩提气。体会八六节拍歌曲的节奏和旋律进行特点。

火车呜呜叫

佚 名 曲
洪杏芬 词

1 = F 2/4

(5̱ 5. | 5̣̇ 5̇. | 1̣ 5 | 5̣ 5 |

1 5̣ | 5̣ 5 | 1̣ 5 5̣ 5 | 1̣ 5 5̣ 5) |

‖: 5̲ 3 3̲ 3 | 5̲ 3 3̲ 3 | 5̲ 5 6̲ 5 | 4 — |
咔 嚓 咔 嚓 咔 嚓 咔 嚓, 火 车 呜 呜 叫,

4̲ 2 2̲ 2 | 4̲ 2 2̲ 2 | 5̲ 5 4̲ 2 | 3 — |
啦 啦 啦 啦 啦 啦 啦 啦, 我 们 出 发 了,

5̲ 5 6̲ 6 | 5̲ 5 3 | 2̲ 1 2̲ 3 | 5 — |
火 车 火 车 我 问 你, 开 到 哪 里 去?

5̲ 5 6̲ 6 | 5̲ 5 3 | 2̲ 4 3̲ 2 | 1 — :‖
我 送 我 的 小 朋 友, 上 呀 上 北 京。

(5̣̇ 5̇. | 4̣ 4̇. | 3̇ 3̇ 2̇ 2̇ | 1̇ —) ‖

思乡曲

郑秋枫 曲
瞿 琮 词

1=G 4/4

（ 6̲5̲ ‖: 3 - - 5̲4̲ | 2 - - 5̲5̲ | 6· 7̲ 1 2 | 1 - - - ）‖

5̣ 5̣ 3 - | 2 1̲7̲ 6 - | 7· 1̲ 2 4̲3̲ | 2 - - - |

中 秋 月　　挂 天 上，　　映　木 楼，照 小 窗。
椰 子 树　　风 中 唱，　　诉　离 情，话 衷 肠。

3 4 3· 1̲ | 7̣ 6 7 - | 2· 6̲7̲7̲6̲ | 5 - - - |

远 山 云 烟 渺　渺，　　近　水 碧 波 茫　茫。
最 忆 故 乡 草　木，　　难　望 慈 母 生　养。

6· 7̲ 1 3 | 5 6 5 - | 6· 5̲4̲1̲3̲ | 2 - - - |

海 外 万 千 游　子，　　隔　山 隔 水 相　望，
秋 来 梧 桐 叶　落，　　海　外 儿 女 思　乡，

4 3 2 - | 3 2 1 - | 5̣· 5̲6̲6̲7̲2̲ | [1.] 1 - - (6̲5̲ :‖

相　望，　　相　望，　　泪　眼 无 限 惆　怅。
思　乡，　　思　乡，　　此　情 此 意 久

[2.] 1 - - - | 6 5 3 - | 5 4̲3̲2̲ - | 5̣· 5̲6̲6̲7̲2̲ | 1 - - - ‖

长。　　　　思　乡，　　思　乡，　　此　情 此 意 久 长。

《思乡曲》演唱提示： 歌曲优美抒情，表达海外儿女对家乡和祖国的无限思念之情。歌曲第一部分是对景物的描写，要唱得从容自然，不要压喉撑喉来追求音量。第二部分是触景生情，表现强烈的思念之情，"海外万千游子"一句情绪逐渐激动，音量要有控制地逐渐加强，后面经过向下模进使情绪逐渐深沉。不要把歌曲唱得很沉重，情绪表达不是靠压喉撑喉能做到的。

快快跑

[德] 戈特利布 曲
[德] 卡尔哈恩 词

1=F 2/4

1	3	5	0	5 4	3 2	1	0

快　　快　　跑，　　　　马 儿　快 快　跑，

2 2	7 5	5 5	3 1	2 2	7 5	5 5	3 1

跳 过 岩 石，跃 过 山 包，不 要 累 坏，不 要 摔 倒。

1 2	3 4	5	0	5 4	3 2	1.	0

快　　快　　跑，　　　　马 儿　快 快　跑。

桑塔露琪亚

1 = C 3/8

意大利民歌

| 5 | 5. | i | i̅ 7 | 7 | | 4 | 4. | 6 | ⌒6̅ 5̅ | 5 | |

1 { 看　晚　星　多明　亮，　　闪　耀　着　金　光，
在　银　河　下　面，　　暮　色　正　苍　茫，

2 { 看　小　船　多美　丽，　　漂　浮　在　海　上，
万　籁　皆寂　静，　　大　地　入　梦　乡，

| 3 | 6 | 5 | 5̅ #4̅ | ♮4 | | 4 | 3 | 2 | 6 | 5 | :‖ |

海　面　上　微风　吹，　　碧　波　在　荡　漾；
甜　蜜　的　歌　声，　　飘　荡　在　远　方。
随　微　波　起　伏，　　随　清　风　荡　漾；
幽　静　的　深夜　里，　　明　月　照　四　方。

| ‖: 3̇ | 2̇ | i̇ | 7̅ 6̅ | 2̇ | | 2̇ | i̇ | 6 | #4̅ 5̅ | i̇ | |

在　这　黑　夜之　前，　　请　来　我　小　船　上，
在　这　黎　明之　前，　　快　离　开　这　岸　边，

| ⌒3̇ i̇ | ⌒i̇ 5 | ⌒5̅ 3̅ | ⌒4̅ 2̇ | 2̇ | |1. 2̇ | 6. | 7 | 2̇ | i̇ | :‖ |

桑　塔　露　琪　亚，　　桑　塔　露　琪　亚。

|2. 2̇ | 3.̇ | 2̇ | 2̇ | i̇ | ‖

桑　塔　露　琪　亚。

《桑塔露琪亚》演唱提示：旋律优美动听，可唱性强。节奏生动活泼，好似海浪涌动和小船漂荡的节奏。体会八三节拍的节奏和旋律进行特点。唱好歌曲开始的第一句歌词，要求口腔自然张开，气息与声音相互呼应，要唱得优美抒情自然流畅。"在这黑夜之前"一句在歌曲的高音区进行，与前面的衔接要自然，要感觉唱在相同的高位置共鸣点上，注意气息的支持要积极，歌唱腔体充分打开，这样才能使声音饱满明亮而有穿透力。"桑塔露琪亚"一句是和弦分解音和跳进相结合的进行，要特别注意气息的控制不能懈怠。

在一起

蒋振声 曲
蒋振声 张添立 词

1=F 2/4

```
1  5   5  5 | 5    4 3 | 5  -  | 5  -  ‖
小 朋  友 们  在  一  起，
小 朋  友 们  在  一  起，
小 朋  友 们  在  一  起，
```

```
1  5   5  5 | 5    4 3 | 2  -  | 2  -  ‖
唱 歌  跳 舞  花  园  里，
跷 跷  板 呀  滑  滑  梯，
骑 骑  木 马  转  转  椅，
```

```
1  5   5  5 | 5    4 3 | 2    3 | 4  0  ‖
蹦 蹦  跳 跳  做  游 戏， 做  游  戏，
爸 爸  妈 妈  快  快 来， 快  快  来，
爷 爷  奶 奶  快  快 来， 快  快  来，
```

```
3  3   3  3 | 2    1 2 | 1  -  | 1  0  ‖
你 追  我 呀  我  追  你。
你 们  爱 我  我  爱  你。
抱 抱  我 呀  亲  亲  你。
```

山茶花

远藤实 曲
庄 奴 词

1=D 3/4 4/4

```
5  51 1 | 1 1 1 2 3 | 2 1 1. | 6 5 - - | 2 2 5 | 3 3 2 1 ‖
山 茶 花， 你说 他的 家  开满 山  茶 花，     每 当 那  春天三 月
一 朵 花， 他说 你美 丽  就像 一  朵 花，     他 希 望  总有一 天
一 朵 花， 但愿 你美 丽  能像 一  朵 花，     更 希 望  有那一 天
```

5̲ 6̲ 1. 1 | 1 — — | 5̇5 6 6 | 5̇6 6 5̲6̲5̲3 | 5 6 6 6 6 6 | 6 — — |

乡野 如 图 画， 　　村里 姑 娘　 上山 采 茶， 歌声 荡漾 山坡 下。 }
把你 摘 回 家， 　　村里 姑 娘　 也会 羡 慕， 羡慕 你像 一朵 花。 }
跟他 转 回 家， 　　村里 姑 娘　 出来 欢 迎， 欢迎 你这 一朵 花。 }

3̲5 5 6 | 3 3 2 1 | 2̲3̲ 2̲1̲ 6̲6̲ |4/4 5 5 5 — | 5 5̲6̲ |6̇1 — — 2̲2̲3̲ 5 — — 2 2 |

年 十七 年纪 十八 偷偷 在说 悄悄 话， 　　羞答 答， 　　羞答 答， 　　梦里

2. 3̲2̲1̲ 6̲1̲ | 1 — — (1̲1̲2̲3̲ | 5 — 5̲5̲ 6̲6̲3̲2̲ | 1̲1̲ 2̲1̲ 2̲3̲ | 5̲6̲ |1̇. 2̲ 6̲1̲ 6̲5̲3̲ | 5 — — 2 |

总 是梦 见 他。

2. 3̲2̲1̲6̲ 5̲6̲ |3/4 1̇ — — | 1̇ — —) :||4/4 1̇ — — (2̇ | 2̇. 3̲2̲1̲6̲ 5̲6̲ | 1̇ — — | 1̇ — —) :||

他。

4/4 1̇ — — (1̲1̲2̲3̲ |3/4 5. 5̲5̲ 6̲1̲6̲5̲ |4/4 3 3̲2̲1̲2̲ 3 2̇ | 2̇. 3̲2̲1̲6̲ 5̲6̲ | 1̇ — 6 — |3/4 1̇ — — | 1̇ — 0) :||

他。

《山茶花》演唱提示：这是一首由 5 个乐句构成的单一部曲式的通俗歌曲。体会四三拍歌曲的节奏和旋律进行特点。歌曲表达的是少女情窦初开表现出的那种羞涩和甜蜜。要用轻柔甜美的音色来演唱这首歌。歌曲开始演唱时就要进入意境，起音要柔和不能生硬，不要撑喉追求大的音量。咬字吐字要清晰亲切。"村里姑娘上山采茶"等在高音区演唱的歌词，演唱时不要过分用力，要使声音有弹性而更好地为正确表达歌曲服务。

小公鸡

1=D 2/4

苏联儿歌

| 3 5 | 4 3 | 3 5 | 4 3 | 5 | 2 | 2 | - |

一 片 朝 霞 金 光 四 射 刚 升 起，

| 2 4 | 3 2 | 2 4 | 3 2 | 3 | 1 | 1 | - |

小 小 公 鸡 早 在 园 里 喔 喔 啼，

| 4 | 6 | i | 7 6 | 7 | 6 | 5 | - |

公 鸡 不 断 地 高 声 啼，

| 6 | 5 | 4 | 3 2 | 3 | 2 | 1 | - |

催 我 下 床 快 穿 衣。

雪绒花

[美] 理查德·罗杰斯 曲
[美] 奥斯卡·哈默斯坦 词

1=C 3/4

```
3  -  5 | 2̇ -  - | 1̇  -  5 | 4  -  - | 3  -  3 | 3  4  5 |
雪     绒   花           雪     绒   花         每    天    清   晨   欢

6  -  - | 5  -  - | 3  -  5 | 2̇  -  - | 1̇  -  5 | 4  -  - |
迎     我           小     而   白        纯     又   美

3  -  5 | 5  6.  7 | 1̇  -  - | 1̇  -  - | 2̇  0  5  5 | 7  6  5 |
总    很   高    兴   遇   见        我           雪   似   的   花    朵   深

3  -  5 | 1̇  -  - | 6  -  1̇ | 2̇  -  1̇ | 7  -  7 | 5  -  - |
情    开   放        愿    永   远   鲜   艳   芬    芳

3  -  5 | 2̇  -  - | 1̇  -  5 | 4  -  - | 3  -  5 | 5  6  7 |
雪     绒   花        雪     绒   花        为    我    祖   国   祝

1̇  -  - | 1̇  -  - ‖
福    吧
```

《雪绒花》演唱提示：歌曲为带再现的单二部曲式结构，旋律优美清新，适合歌唱练习。歌曲开始"雪绒花"三个字是三度、五度音程进行，很多学习者在唱时出现了音高不准的问题，"花"字不是唱高了就是唱低了，这是此歌曲的一个难点，应利用钢琴反复弹唱，而且唱这三个字时要注意气息的支持。五度上行跳进时注意真假声混合到位，应该在唱前两个字时做好充分铺垫，口腔里面打开，软腭上提，气息支持有力。注意第二部分开始句的休止符时值要准确。

小鸭小鸡

1=F 4/4

佚 名 词曲

```
1 2 3  3  -  | 2 3 5  5  -  | 1 2 30 30 30 30 | 2 3 50 50 50 50 |
小鸭 小 鸡      碰在 一 起,      小鸭嘎 嘎 嘎,   小鸡叽 叽 叽,

33 30 55 50 | 33 30 55 50 | 1 2 3  3  -  | 2 3 5  1  -  ‖
嘎嘎嘎, 叽叽叽,   嘎嘎嘎, 叽叽叽,   一同 唱 歌,      一同 游 戏。
```

半屏山

1=F 2/4

魏 立 王碧云 曲
于礼厚 魏梦君 词

```
( 1· 1 11   3  2 5 | 1· 2 16   5· 56 | 1  3   1232 | 1      6· 5· ) |

3  5   5  | 5  56   5 | 53   2321 | 1   -  |
半   屏   山哪   半   屏    山,
半   屏   山哪   半   屏    山,
海   峡   两岸   紧   相    连,

1  5·   1 | 3  5   6 | 3 3 5 3 1 | 2   -  |
一  座    山哪   分 成  两   半,
一  半    在大陆  一 半  在台   湾,
万  水    千山   隔 不    断,
```

5	1 3	5 5 6 5 3	2 0 3 3 2	1 7 1 6	

自　　　古　　传　说　　　一　半　在　大　　陆，
祖　国　的　　领　土　　　水　连　水　山　连　山，
美　丽　的　　宝　岛　　　我　们　的　家　　园，

5 5 1 6 5	3. 5 2 1	1 2 3 2 1 6	1 5 1

还　有　　　半　屏　在　台　　湾，
骨　肉　　　同　胞　在　心　相　　连，
可　爱　　　的　祖　国　大　好　河

3 2 3 5	1 — ‖ 1 5. 1	5 5 1 6 5

在　台　　湾。
心　相　　连。　　　　　　山，　可　爱　　的

3. 5 2 1	3 3 5 6 5 6	1 5 — ‖

祖　国　大　好　河　　山。

《半屏山》演唱提示：由 4 个乐句构成的单一部曲式。歌曲表达大陆和台湾山水相连、两岸人民骨肉相亲、万水千山隔不断真情的思想感情，相信各党派一定能为中华民族的大局着想，早日实现国家的统一。要根据歌曲的演唱速度确定气口，快速时大约两小节一个气口，慢速时大约一个乐句一个气口。注意歌曲第三乐句十六分休止符的时值要准确清晰。歌曲起唱要从容自然，气息控制自如。要求声音稍明亮，喉部放松。

一只鸭一只鹅

1=C 2/4

湖北儿歌

5 3 6 | 5 5 3̲5̲ | 5 3 6 | 5 5 3̲5̲ |
一 只 鸭， 一 只 鹅， 嘎 嘎 嘎， 哦 哦 哦，

3̲3̲ 5̲3̲ | 6̲6̲ 6̲5̲ | 3̲3̲ 5̲3̲ | 6 6 | 5 — ‖
你 拍 翅 膀 我 摇 头， 好 像 弟 弟 和 哥 哥。

跳吧！跳吧！

1 = F 2/4

斯洛伐克民歌

3	3	5	5	>5 4	4	>5 4	4	2	2	>4	4

围　着　　圆　桌　　拉成　圈　拉成　圈，我　们　快　乐地
大　家　　坐　在　　壁炉　旁　壁炉　旁，喝　着　啤　酒
吉　卜　　赛　人　　黑脸　蛋　黑脸　蛋，她　有　滚　滚的
假　如　　美　餐　　准备　好　准备　好，我　就　祝　你

>4 3	3	>4 3	3	1	1	>3	3	>3 2	2	>3 2	2

跳舞　吧　跳舞　吧！冬　天的　风　雪　真猖　狂　真猖　狂，
吃面　包　吃面　包。皎　洁的　月　儿　多明　亮　多明　亮，
大铜　钱　大铜　钱！还　有　玲　珑的　小指　环　小指　环，
快活　更　快活　呀。假　如　晚　饭　早吃　饱　早吃　饱，

5	5	>6	7	>2 1	1	>2 1	1	3.	1	5	5

我　们　大　家　多友　爱　多友　爱。啦　啦　啦　啦
守　着　火　炉　真温　暖　真温　暖。
给　小　伙子　们　算一　卦　算一　卦
你　的　好　运气　准来　到　准来　到。

4.	2	7	6	5	5	6	7	>2 1	1	2 1	1	3.	1

啦　啦　啦　啦，啦　啦　啦　啦　啦啦　啦　啦啦　啦，啦　啦

5	5	>4.	2	7	6	>5	5	6	7	>2 1	1	>2 7	1

啦　啦　啦　啦　啦　啦，啦　啦　啦　啦　啦啦　啦　啦啦　啦。

《跳吧！跳吧！》演唱提示：歌曲欢快活泼，多用切分音节奏，很有特点。演唱时注意气息积极有弹性，这样声音就会有支持有弹性。歌曲中有重音记号的音符要唱得干净利索并稍微加强力度，才能更好地表达歌曲的欢乐情绪。要注意咬字吐字准确清晰，特别是这些翻译过来的外国歌曲更应该注意咬字吐字。歌曲音域只有八度，很适合发声练习和歌唱训练，找准适合的调高演唱，然后连续半音向上或向下移调演唱，用来拓展音域和训练声音。

雁儿飞

李嘉评 曲
朱晋杰 词

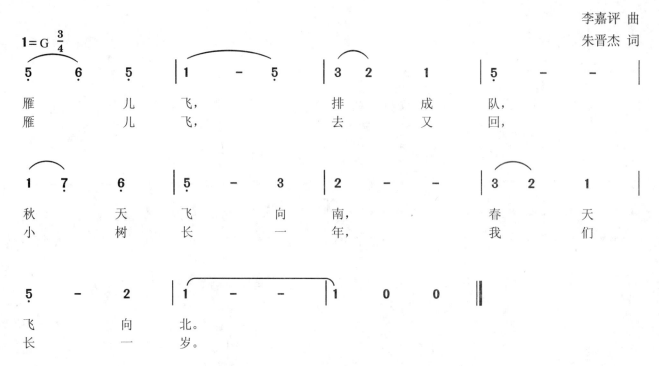

1=G $\frac{3}{4}$								
5̇	6̇	5̇	1	—	5̇	3 2	1	5̇ — —
雁	儿	飞，			排	成	队，	
雁	儿	飞，			去	又	回，	

1	7̇	6̇	5̇	—	3	2	— —	3 2	1
秋	天	飞	向		南，			春	天
小	树	长	一		年，			我	们

5̇	—	2	1	— —	1	0	0
飞	向	北。					
长	一	岁。					

四季歌

贺绿汀 曲
田 汉 词

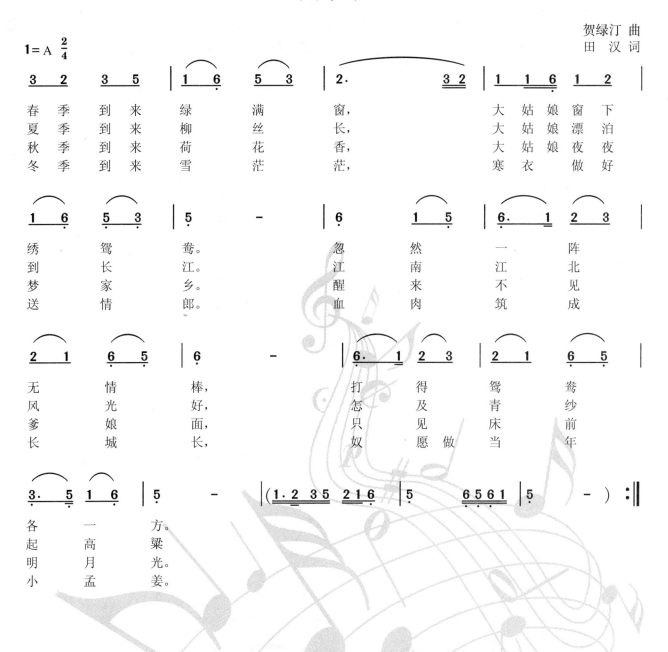

《四季歌》演唱提示：由4个乐句构成的单一部曲式。歌曲旋律优美流畅，歌词情真意切，表达众人齐心共御外侮的思想感情。歌曲演唱的难点是第一乐句第三小节吸气点确定和把握，此处可处理成两种吸气点：一是在两个十六分音符之前吸气，在一个字上吸气要做到声断意连，不影响歌曲表达；二是在两个十六分音符之后吸气，这就要求吸气动作要迅速利索，吸气量不能过大，要保证后面的歌词能在正常的节拍中唱出，这时的吸气就是所谓的"偷气"。

亮火虫

1 = G 2/4

贵州儿歌

```
6  1   6   | 1    2   | 1 1   1 6  | 1 1   2   |
亮 火  虫   落   窝儿    一 落  落 在   手 板   心儿。

1 1   2   | 1    2   | 1 1   1 1  | 1 2   2   |
手 板  心儿   做   窝儿    一 闪  一 闪   亮 晶  晶儿。

1 2   2   | 1 1   2   | 1 1   1 1  | 1 2   2   |
亮 晶  晶儿   当 红  灯儿    照 着  宝 宝   胖 墩  墩儿。

1 2   2   | 1 2   2   | 1 1   1 1  | 1 1   2   |
胖 墩  墩儿   笑 眯  眯儿    脸 上  两 个   大 酒  窝儿。

1 1   2   | 2    0   | 1 0   2 0  | 2    0   ‖
爸 爸  妈   妈        笑   嘻   嘻儿。
```

玛依拉

哈萨克族民歌

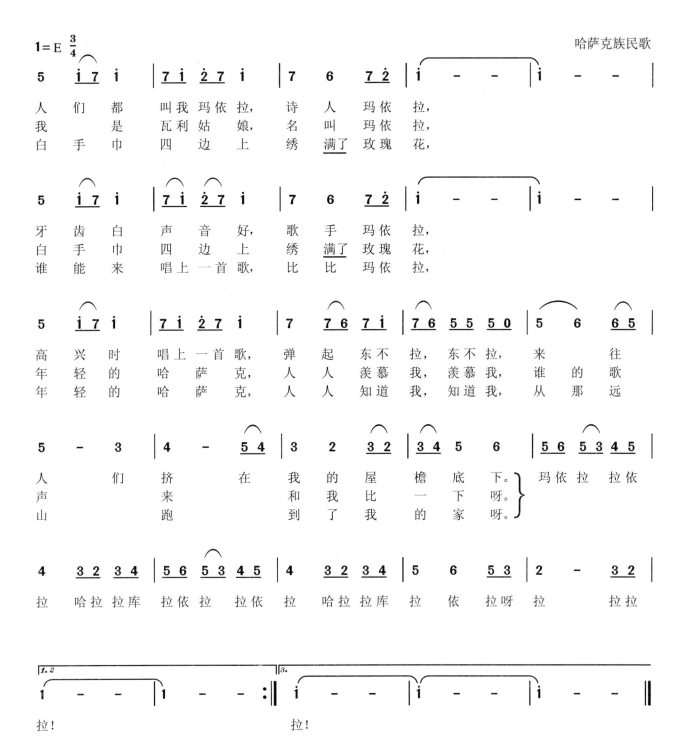

《玛依拉》演唱提示： 歌曲欢快、活泼，体会四三节拍特点。第二乐句是第一乐句的完全重复，第三乐句是第一、第二乐句的变化重复，所以唱好第一乐句对唱好整首歌曲起到十分重要的作用。第一乐句从中弱的力度开始逐渐加强力度到中强，表达开朗热情向上的情绪，唱前吸气要深沉饱满，第二小节结束可再吸气一次，要控制好气息才能控制好渐强的声音力度。句尾六拍的长音"拉"字不要唱得过开放，否则声音容易发散不集中，喉部也容易紧张。歌曲最后一句的衬词要注意舌头灵活，咬字吐字才能清晰。

小蜻蜓

钟立民 曲
周康明 词

1=G 3/4

3	-	5	2	-	-	6̣	-	1	5̣	-	-
小		蜻	蜓			是		益	虫，		

5	-	3	2	-	1	6̣	-	1	2	-	-
飞		到	西		来	飞		到	东，		

3	-	3	2	-	3	1	1	2	6̣	-	-
不		吃	粮		食	不	吃	菜，			

5̣	-	1	2	3	5	2	0	3	1	-	0
是		个	捕	蚊	的	小		英	雄。		

金风吹来的时候

马俊英 曲
任卫新 词

1=♭E 4/4

金 风 吹来 吹来的时 候， 我 歌唱家乡 家乡的金 秋。

月 桂花 洒落， 香透了竹 楼； 甜米酒 荡漾， 香透了窗 口。
姑 娘们 绣花， 唱醉了竹 楼； 乡亲们 饮酒， 乐醉了窗 口。

哎！ 哎！

要 问我家乡 最美的 时 候， 就 是这金风 吹来的时 候。

结束句

rit

来来来来 来来来来， 来来来来 来来来来， 来来来来 来来来。

《金风吹来的时候》演唱提示：带再现的单二部曲式。歌曲具有浓郁的地方民族风格。歌曲中有多处前倚音和波音，演唱时注意音高要准确，装饰音要唱得轻巧灵活，要为歌词读音行腔服务。第二部分"哎"字上的衬句在演唱时要注意不要把字唱扁了，要打开喉咙，感觉口腔内的声音通道畅通，气息不能上浮；另外，注意这一句的第二小节和第四小节的时值是不同的，一个是三拍，一个是四拍。唱结束句时，注意舌头的放松和灵活，保证字音清晰。

蝴蝶找花

汪 玲 曲
董 友 词

1=D 6/8

```
5    3 5    3 | 4 3 2 3. | 5    3 5    6 | 4 3 4 2. |
蝴   蝶 蝴   蝶 飞 呀 飞，   飞  过 草   地，飞 过 河 边，

5 5 5 6 6 6 | 6 4 6 5 3 0 | 2 2 2 4 4 4 | 3 2 1 5. |
你 像 那 会 飞 的  花    朵，   张 开 了 五 彩 的  翅    膀，

3    3 4 3 2 | 2 1 2 1. | 5    5 6    6 | 6 4 6 5 3 0 |
在   你 飞 过 的 地   方，   到   处 鲜   花  开    放，

2    2 4    3 | 2 1 2 1. ‖
到   处 鲜   花 开   放。
```

让我们荡起双桨

刘 炽 曲
乔 羽 词

1=♭E 2/4

```
(0 1 2 3 | 5   6 | 0 6 1 2 | 3   5 | 0 3 5 6 | 1   3 | 2 3 2 1 7 | 6.   6 6 |

6 0 6 0 | 6. 6 1 2 ‖: 3.   5 | 3 1 2 | 6 - | 0 1 2 3 | 5.   5 |
          让 我 们  荡  起 双   桨，   小 船 儿 推  开
         (红 领 巾) 迎 着 太   阳，   阳 光 洒 在
         (做 完 了) 一 天 的 功  课，   我 们 来 尽  情
```

$\overset{5}{6}$ 2 | 3 — 3 35 | 6 — 5. 6 | i 7 6 5 6 3 | 1 2 |

波　浪，　　海面倒映　着　美丽的白　塔，四周
海面上，　　水中鱼儿　　望着我　们，悄悄地
欢乐，　　我问你　　亲爱的伙　伴，谁给

3. 5 | 1 6̣ | 1 2 3 6 | 5 — 5 0 | 3 — 6. 6 |

环　绕着绿树红　墙。
听我们愉快歌　唱。
我们安排下幸福的生　活？
　　　小　船儿

5 4 3 | 2 — 3. 5 | 6̣ 1 2 | 0 1 2 3 | 5. 5 6 i |

轻轻飘荡在水　中，　迎面吹来了凉

7 6 5 3 | 6 — | 6 — | (3 7 6 5 4 3 2 | 3 5 4 3 2 1 7 |

爽的风。

1 3 2 1 7 6 5 | 6 3 3 3 3 | 6 3 3 3 3 | 6) 6 1 2 : | 6 — | 6 — ‖

红领巾风。
做完了

《让我们荡起双桨》演唱提示：这是一首久经传唱的经典的少儿歌曲。歌曲旋律优美抒情，节奏模仿小船划动的节奏。歌词充满了对美好生活的赞美和无限向往。歌曲从低音区开始，要注意气息下沉，前三个字一定要注意唱清晰。第三乐句的第三小节"美丽的白塔"出现了全曲的最高音，要在前面做好充分准备，口腔充分打开，气息积极支持，不能向上提气，唱高音时腹部气息支持与歌唱声音有所呼应，要把歌词唱清楚。歌曲前奏与歌唱部分的衔接要把握准确。注意休止符和弱起节奏准确。

种 瓜

刘天浪 曲
刘饶民 词

1=F 2/4

```
5      3   | 5 5  3  | 1  6   1  3 | 2   -   :‖
```
1.我 在 墙 根 下， 种 了 一 棵 瓜，
2.天 天 来 浇 水， 天 天 来 看 它。

```
‖: 3 5  2  | 6  1   2 :‖ 2. 3  2 3 | 2  3   2 |
```
3.发 了 芽， 开 了 花， 5.大 西 瓜 呀 大 西 瓜，
4.结 了 个 大 西 瓜。

```
1   1   0  | 6  6   0 | 6. 6  6 3 | 5   -   ‖
```
抱 呀！ 抱 呀！ 抱 呀 抱 不 下！

枞 树

1＝G 3/4

德国民歌

5 | 1· 1 1 2 | 3· 3 3· 1 | 2 3 4 7 |

啊，　大 枞 树，　啊，　　大 枞 树，　你 叶 儿 四 季
我 的　姑 娘 呀，　我 的　姑 娘 呀，　你 感 情 多 么

2 1 0 5 | 5 3 6· 5 | 5· 4 4· 4 | 4 2 5· 4 |

常 青！　不 但 在 夏 日 常 茂 盛，　就 是 在 冬 天 也
虚 假！　当 我 富 有 你 对 我 好，　当 我 贫 穷 你

4· 3 3 5 | 1· 1 1 2 | 3· 3 3· 1 | 2 3 4 7 | 2 | 1 |

不 凋 零。　啊，　大 枞 树，　啊，　大 枞 树，　你 叶 儿 四 季 常 青！
就 逃 跑。　我 的　姑 娘 呀，　我 的　姑 娘 呀，　你 感 情 多 么 虚 假！

《枞树》演唱提示：枞（cóng）树就是冷杉树。歌词以大枞树四季常青树叶从不凋落来讽刺女人的善变和感情虚假。演唱时注意八分休止符时值要准确，休止符前面的音要唱得干净利索，不能随意延长时值；自由延长记号下面的音可以延长一拍。要注意把歌曲中的减五度音程唱准。选择合适的调高演唱，歌曲力度不要太强，高音区要控制好声音，不可唱得过于开放，以免影响歌曲情绪的表达。

小小鸟

1=C 2/4

李 漫 词曲

```
1  3   1  3  | 1     0   | 3  4   5  3  | 1     0   ‖
一 只  小 小    鸟,         两 只  小 小    鸟,

5     3   | 1  2   3   | 2  0   3  0  | 2     -   ‖
见    面    点 点  头,       点    头,

3     1  3  | 5     0   | 6     6  5  | 3     0   ‖
你    亲 亲    我,         我     亲 亲    你,

5  3   3   | 4  2   2   | 3  0   2  0  | 1     -   ‖
碰 一  碰,    碰 一  碰,    飞    走      了。
```

飞吧，鸽子

王立平 曲
洪 源 词

1=F 2/2

```
1  -  -  5  | 3  -  -  3  | 2  21 5  6  | 1  -  -  -  | 3  3  -  5  | 6  -  5  3  |
鸽       子  啊,        在  蓝 天 上 翱    翔,          带 上  我 殷    切 的

3  -  -  23 | 2  -  -  -  | 1  -  -  5  | 3  -  -  -  | 2  21 6  5  | 6  -  -  -  |
希       望,        我    的  心         永 远 伴 随    着  你,
```

3 2̲1̲6̣ 3 | 2 2 - 6̣ | 1 - - ⌒1 - - | 5 - 3 | 5 - - |
勇　敢地　飞向　远方。　　　　　　云　　啊，
　　　　　　　　　　　　　　　　　风　　啊，

3 5 5 6 | 5 3 - - | 4 - - 3 | 2 - - - | 2 7̲2̲6̣ 5̣ | 1 2 3 - |
懂　得你的　使命，　　雾　　啊，　了解你的　目　光。
考　验过你的　意志，　　雨　　啊，　冲刷过你的　翅　膀。

5 - - 5 | 6 - 1̇ - | 7 6̲7̲6 5 | 6 - 3 - | 3 2̲1̲6̣ 3 | 2 2 - 3 |
飞　　吧，飞　吧，　我心爱的　鸽　子，　云雾里你　从不　迷
飞　　吧，飞　吧，　我心爱的　鸽　子，　风雨里你　无比　坚

5 - - - | 5 - - - | 5 - - 5 | 6 - 1̇ - | 7 6̲7̲6 5 | 6 - 3 - |
航。　　　　　　飞　　吧，飞　吧，　我心爱的　鸽　子，
强。　　　　　　飞　　吧，飞　吧，　我心爱的　鸽　子，

3 2̲1̲6̣ 3 | 2 2 - 6̣ | 1 - - : | 1 - - - |
云雾里你　永不　迷航。　　　强。
风雨里你　无比　坚

《飞吧，鸽子》演唱提示：单二部曲式结构。歌曲旋律优美动听，歌词内容积极向上，鼓励人们为了梦想要不畏风雨勇往直前。歌曲用的是不太多见的二二拍，要用心体会歌曲节奏律动。歌曲第一部分的第三乐句是第一乐句的变化重复，要注意两个乐句的不同之处，特别是第二小节的节奏是不一样的。从"飞吧，飞吧，我心爱的鸽子"开始，歌曲进入高潮部分，要注意气息和声音的控制，如果把两小节时值的"航"字处理成渐强的力度，歌曲表达的效果会更好。

牙刷牙膏真要好

蒋振声 邓融和 曲

王成荣 词

1 = F 2/4

| 6̣· 6̣ | 6̣· 7̣ | 1 1 | 2 2 1 7̣ | 6̣ 0 |

牙　刷　上　下　忙　呀，　　牙膏　吹泡　泡，

| 7̣· 7̣ | 7̣· 1 | 2 2 | 1 1 1 2 | 3 0 |

一　起　搞　清　洁　呀，　天天　真要　好。

| 3 3 | 2 1 2 | 2 2 | 1 7̣ 6̣ |

牙　刷　上下　忙，　牙　膏　吹泡　泡，

| 3 3 | 2 1 2 | 2 2 | 1 7̣ 6̣ |

一　起　搞清　洁，　天　天　真要　好。

| 3 — | 2 0 | 3 0 2 | 1 7̣ |

哎，　　嗨，　　天　天真　要

| 6̣ — | 6̣ 0 | ‖ |

好。

牧 童

1=C 2/4

捷克民歌

<u>1</u> 1	2	<u>3</u> 5	<u>4</u> 3	2	1 -
朝 霞	里	牧 童	在 吹	小	笛，
我 解	开	自 己	的 小	黄	牛，

<u>5</u> 5	6	<u>7</u> 2̇	1̇ 7	6	5 -
露 珠	儿	洒 满	了 青	草	地，
把 清	水	给 牛	儿 喝	个	够，

‖: ·

1̇ 3	2̇	1̇ 7	6 6	5 4	3
我 跟	着	朝 霞	一 块	儿 起	来，
赶 出	了	牺 口	坐 在	小 河	边，

<u>2</u> 2	3	<u>5</u> 5	<u>4</u> 3	2	1 - :‖
赶 着	那	小 牛	儿 上	牧	场。
我 给	你	唱 一	支 快	乐	歌。

　　《牧童》演唱提示：由4个四小节的乐句按照起承转合的关系构成的单一部曲式。歌曲活泼欢快、乐观向上，表现了牧童热爱自然、亲近动物的愉快心情。歌曲是用模进的方法发展而成的。歌曲从低音区开始，演唱时要注意喉部放松，气息积极灵活地支持声音，歌唱的力度要有所控制，要唱得亲切自然。第二乐句是第一乐句的上方五度模进，情绪有所发展，要控制好气息。第三乐句是全曲高潮，口腔要充分打开，气息支持要坚定有力，把声音唱得明亮、开朗、饱满而集中。

你、我、他

李重光 词曲

1=C 2/4

```
5    3   | 5    0   | 5 5  5 3 | 5    0   |
你   唱    歌,        sol sol sol mi sol,

1    3   | 1    0   | 1 1  3 3 | 1    0   |
我   弹    琴,        do do mi mi do,

5    5   | 3    5   | 1 3  1 3 | 1    0   ‖
他   吹    喇    叭,   哒 嘀 哒 嘀 哒。
```

紫竹调

江苏民歌

1=♭E 2/4

```
5. 6 1 2 1 | 1 6 1 6 5 5̲ 3 0 | 5 2  3 5 | 5̲ 1  -  | 3 5  3 5 | 2 3 2 1 1 |
一 根 紫 竹 直  苗      苗,        送 与 吾 郎 做 管

5̲ -  | 2 3 2 1 6 5 5 3 | 3̲ 5  -  | 3 5 3 5 6 5 6 1 | 6 3 5. | 2̇  i  |
箫。     箫 儿 对 着 口,     口 儿 对 着 箫,     箫 中
```

吹出鲜花调。　　问郎君呀　这管箫儿

好不好？　　小小鲤鱼粉红鳃，

上江游到下江来，　头摇尾巴摆，　头摇尾巴

摆，　我手执钓竿钓将起来，吾格小乖

乖，　　清水游去浑水里来。　　吾格来。

　　《**紫竹调**》演唱提示：歌曲旋律优美，节奏欢快，表达了对远方亲人的思念之情。歌曲从高音区开始，"一"字是闭口音，演唱时要放松喉头，充分利用头腔共鸣，不要挤着喉头去唱，要和气息要声音，保证声音顺畅，体现歌曲明朗活泼的风格。为了歌曲表达得完整流畅，要合理安排气口，借助休止符和长时值音符处吸气。歌曲中的八分附点音符和十六分音符的组合时值要唱得准确。歌曲要演唱得委婉抒情，表现出江南民间小调的风格。

小拜年

1=G 2/4

湖南花鼓

| 1 | 3 3 | 6· | 1 | 3 | 6· 3 | 1 | 6· |

正　　月　里　好　　耍　　狮　　子　　灯　　呀，
锣　　鼓　好　龙　灯　　好　　热　　闹　　呀，

| 3 1 | 1 3 | 5· 6· | 1 | 6·· 3 | 1 6· | 5· — |

耍　起　那　个　狮　子　灯，　拜　个　新　　年；
今　年　呀　哈　更　比　去　年　　好；

| 6· 6· | 5 | 6· 6· | 5 | 6· 6· | 5 5 | 6· 6· | 5 |

咚　咚　锵，　咚　咚　锵，　咚　咚　锵锵　咚　咚　锵，
咚　咚　锵，　咚　咚　锵，　咚　咚　锵锵　咚　咚　锵，

| 1 1 | 6· 1 | 3 | 6· | 3 3 | 6· 3 | 1 | 6· |

哥　哥　来　打　鼓　　呀，　弟　弟　来　敲　锣　　呀，
爸　爸　戴　红　花　　呀，　妈　妈　笑　哈　哈　　呀，

| 3 1 | 1 3 | 5· 6· | 1 | 6·· 3 1 6· | 5· — ‖

耍　起　那　个　狮　子　灯，　拜　个　新　　年。
今　年　呀　哈　更　比　去　年　　好。

北国之春

1=♭B 4/4

[日]远藤实 曲
[日]井出博 词

| 0 3 3 3 | 3 — | 2 3 3 232 1 | 6 5 | 3· 2 1 1 1 6 | 5 — — 0 |

亭　亭　白　桦，　悠　悠　碧　空，　微　　微　　南　来　风，
残　雪　消　融，　溪　流　淙　淙，　独　　木　　桥　自　横，
棣　棠　丛　丛，　朝　雾　蒙　蒙，　水　　车　　小　屋　静，

6 i . i6 i | 2 i 6 5 | 3 5 5 6 5 | 1 2 | 3 5 5 i | 6 . 5 3 . 2 | 1 — — 0 |

木兰 花开 山 冈上， 北国 之春 天 啊， 北国 之春 已 来 临。

嫩芽 初上 落 叶松， 北国 之春 天 啊， 北国 之春 已 来 临。

传来 一阵阵 歌声， 北国 之春 天 啊， 北国 之春 已 来 临。

2 . 5 5 | 3 5 3 2 | 1 1 2 3 5 | 3 5 6 i 2 | 2 3 . | 2 — — |

城 里不 知 季节 变 换， 不知 季节 已 变 换，

虽 然我 们已 内心 相 爱， 至今 尚未 吐 真 情，

家 兄酷 似 老父 亲， 一对 沉默 寡 言 人，

i . 2 3 | 2 i | 6 i i 6 5 | 3 3 . | 3 . | 5 6 5 3 2 1 | 2 — — 3 5 . |

妈 妈从 家乡 寄来 包 裹， 送来 寒 衣御 严 冬。 故乡

分 手已 经 五年 整， 我的 姑 娘可 安 宁？

可 曾闲 来 愁沽 酒， 偶尔 相 对饮 几 盅？

5 . | 6 5 3 5 | 6 i i 2 3 | — | 2 . | 2 2 3 2 i 6 | i — — — : |

1.2

啊 故 乡， 我的 故 乡， 何 时能回 你怀 中？

3.

i — 0 0 | 5 . 3 5 i 2 | 3 . 2 3 5 — | 2 . 2 2 i 6 | i — — — ‖

中？

《北国之春》演唱提示： 由 5 个乐句构成的单一部曲式。歌曲演唱的难点是第一段歌词开始的"亭亭白桦"四个字都在歌曲的最高音上，"亭亭"二字是闭口音，更增加了演唱的难度。在高音区演唱一般都应该十分强调气息的支持，这四个字既在歌曲的高音区又在歌曲的开头，那么气息的支持就更加重要了。前奏后要找准吸气点，积极吸气而且气息要吸得深。"亭亭"二字要唱得开一点儿，要使舌面和硬腭之间有充足的距离，形成声音的通道，就是闭口音要宽唱。唱"白桦"二字时气息不可上提，口腔也不要开得过大，要与前面二字衔接得自然。

小猫歌

1=D $\frac{2}{4}$

汪爱丽　词曲

| 5　6 | 5　3 | 2 | － | | 5　6 | 5　3 | 2 | － | |

许　多　小　花　猫，　　　喵　呜　喵　呜　叫，
一　只　老　花　猫　　　　喵　呜　喵　呜　叫，

| 6　6 | 6　6 | 5　3 | 5 | | 6　6 | 6　6 | 5　3 | 5 | |

我　们　今　天　真　高　兴，　要　和　妈　妈　做　游　戏，
我　的　小　猫　快　躲　好，　一　会　妈　妈　就　来　找，

| 1　2 | 3　4 | 5　6 | 5 | | 5　4 | 3　2 | 1 | － | |

找　个　地　方　快　躲　好，　妈　妈　快　来　找。
找　呀　找　呀　找　呀　找，　小　猫　找　到　了。

在那遥远的地方

1=♭E $\frac{4}{4}$

王洛宾　词曲

| 6　1 | 2　1　7 | 6　1 | 2·　1　7 | 6　1 | 1　7 | 6　－ | |

在　那　　遥　远　的　　地　　方，　　有　位　好　姑　娘，
她　那　　粉　红　的　　小　　脸，　　好　像　红　太　阳，
我　愿　　抛　弃　了　　财　　产，　　跟　她　去　放　羊，
我　愿　　做　一　只　　小　　羊，　　跟　在　她　身　旁，

| 6　1　2　1　6　5　6　5　4　5 | 6　1　4　5　6　5　4　3 | 2　－　0 | |

人　们　走　过　了　她　的　帐　房，　都　要　回　头　留　恋　地　张　　望。
她　那　活　泼　动　人　的　眼　睛，　好　像　晚　上　明　媚　的　月　　亮。
每　天　看　着　那　粉　红　的　小　脸，　和　那　美　丽　金　边　的　衣　　裳。
我　愿　她　拿　着　细　细　的　皮　鞭，　不　断　轻　轻　打　在　我　身　　上。

　　《在那遥远的地方》演唱提示：由2个乐句构成的单一部曲式，是一首十分干净简洁又十分优美抒情的民歌风歌曲。音域只有八度，这样的歌曲要注意定调的问题，很多人为了获得明亮辉煌的音色而把调定得过高，这样做有很大的危害性，嗓音容易疲劳，气息控制不好，还会导致歌唱器官动作不协调，喉部容易紧张。所以必须找一个既能突出音色又能从容自然演唱的调高来唱。第一小节"方"字的气口一般安排在两个十六分音符之后，要求吸气迅速，不影响歌曲的表达。

小花伞

1=F 2/4 　　　　　　　　　　　　　　　凉山彝族民歌

```
5 5  3  | 5 5  3  | 3. 5  5 1 | 3  —  |
```

小　花　伞，　　　圆　溜　溜，　　　圆　呀　圆　溜　溜。
我　撑　小伞　　走　走　走，　　　走　呀　走　走　走。}

```
1 3  3. 2 | 1 2  6 | 6. 2  1 6 | 1 1  6 |
```

小　雨　点，　　沙　沙　沙，　　沙　　沙，　　沙　沙　沙，

```
6. 2  1 6 | 1  1 | 6  1 1 | 6  0 ‖
```

沙　　沙，　　沙　沙　　沙，　　沙　沙　沙。

四季歌

1=D 4/4 　　　　　　　　　　　　　　　日本民歌

```
3  3. 2 1 2  1 7 | 6 6  6  — | 4  4 3 2 1  2 4 | 3  —  —  — |
```

喜　爱　春　天　的　人　儿　是　　　心　地　纯　洁　的　人，
喜　爱　夏　天　的　人　儿　是　　　意　志　坚　强　的　人，
喜　爱　秋　天　的　人　儿　是　　　含　情　深　重　的　人，
喜　爱　冬　天　的　人　儿　是　　　心　地　宽　广　的　人，

```
4  4 3  2  2 4 | 3  3 1  6  6 | 7  3 3  2 1 7 1 | 6  —  —  — ‖
```

像　紫　罗　兰　　花　儿　一　样　是　我　的　友　　人。
像　冲　击　岩　石　的　波　浪　一　样　是　我　的　父　　亲。
像　描　述　爱　情　的　海　燕　一　样　是　我　的　爱　　人。
像　融　化　冰　雪　的　大　地　一　样　是　我　的　母　　亲。

《四季歌》（日本民歌）**演唱提示**：歌曲结构简单，旋律优美流畅。是由4个乐句构成的单一部曲式，其中第三乐句是第二乐句的变化重复。歌曲音域只有六度，非常适合用来做发声练习和歌唱训练。歌曲演唱时可以安排每两小节吸气一次，吸气要深沉饱满，保证气息支持有力，特别是一字四拍的长时值更要控制好气息，不能随意缩短音符时值。

粗心的小画家

韩德常 曲
许 浪 词

1 = C 2/4

3　3	3　2　2	3　6　5	3　5　5　3　2	1　3　2　0

丁　丁　说　他　是　小　画　家，　彩　色　铅　笔　一　大　把，

3.　2　3　2	3　6　5	6.　5　6　i	3　2　1

他　对　别　人　把　口　夸，　什　么　东　西　都　会　画。

3.　2　3　2	1　3　2	3.　2　3　2	1　3　2

画　只　螃　蟹　四　条　腿　儿，　画　只　鸭　子　小　尖　嘴　儿，

6.　5　6　5	4　6　5　5	6.　5　6　5	4　6　5　0

画　只　小　兔　圆　耳　朵　呀，　画　只　大　马　没　尾　巴。

X.　6　5	3　3　2　2	1　0

咦！　哈　哈　哈　哈　哈　哈　哈！

知床旅情

日本歌曲
雪　萍　译配

1=D 3/4

歌词（第一段/第二段对照）：

在美丽的知床半岛，越桔花朵朵
不是因为风光好，漫步海滨

迎风含笑，在这鲜花盛开的时节，往事
醉意难消，看这里四处多寂静，月儿照

请你不要忘掉。在一起欢饮唱歌，
海面，银波闪耀。那一天月色多美妙，

爬上了山坡远眺，远远地望见国后
想把你轻轻拥抱，当我悄然靠近岩

岛，白夜过去天将破晓。
礁，你已在那里微笑。

《知床旅情》演唱提示： 带再现的单二部曲式。歌曲旋律优美流畅，节奏轻快似海浪涌动。歌曲开始的两小节是分解和弦音式进行，在发声练习中我们经常唱到这种进行形式，要用发声练习时的感觉来唱这两小节和整个第一、第三乐句。第二部分的第一、第二乐句与歌曲其他乐句的对比，主要体现在节奏方面，这两个乐句演唱时要注意气息的支持，最好是四小节安排一个气口。在高音和低音上的歌词一定要唱清晰，不要为了追求声音而影响咬字吐字的清晰准确。知床：地名，位于日本北海道，自然环境优美。

拍皮球

王利锦 词曲

1=F 2/4

| 3 5 | 5 0 | 3 5 | 5 0 | 3 5 | 5 3 2 | 1 6 | 5 |
|花 皮 球| |真 可 爱，| |轻 轻| 一 拍| 跳 起| 来，|

花 皮 球　　真 可 爱，　　轻 轻　一 拍　跳 起　来，

2 3　2. 3 ｜ 2 3　2. 3 ｜ 6 5　3 1 ｜ 2 2　1 ｜

你 拍 拍，　　我 拍 拍，　　大 家 玩 得　多 愉　快。

3 6　6 6 ｜ 3 5　5 5 ｜ 6 65 3 6 ｜ 5　3 2 ｜

嘭 嗵　嗵 嗵　嘭 嗵　嗵 嗵，　大 家 玩 得 多　愉

1　2 3 ｜ 1　0 ‖

快，　多 愉　快！

龙的传人

1=G 4/4

侯德健 词曲

| 6̣ | 7̣1 2 | 3̣2 | 1 | 1̂7̣ 6̣ | - | 6̣ | 7̣1 2 | 3̣2 | 1 | 1̂2 3 | - |

遥　远的东　方有　一　条　江，　　它　的　名　字就　叫　长　江。
古　老的东　方有　一　条　龙，　　它　的　名　字就　叫　中　国。
百　年前宁　静的　一　个　夜，　　巨　变　前　夕的　深　夜　里，

| 6̣ | 7̣1 2 | 3̣2 | 1 | 1̂7̣ 6̣ | - | 7 | 7 | 7̂1̂7 | 6̣ | 6̣5̣ 6̣ | - |

遥　远的东　方有　一　条　河，　　它　的　名　字就　叫　黄　河。
古　老的东　方有　一　群　人，　　他　们　全　都是　龙　的　传人。
枪　炮声敲　碎了　宁　静　的夜，四　面　楚　歌是　姑　息的　剑。

| 3 | 3 | 3 | 2̂1 | 2 | 2̂3 2 | - | 1 | 1 | 1 | 2̂1 | 7̣ | 7̣1̂7̣ | - |

虽　不　曾　看见　长　江　美，　　梦　里　常　神游　长　江　水。
巨　龙　脚　底下　我　成　长，　　成　长　以　后是　龙　的　传人。
多　少　年　炮声　仍　隆　隆，　　多　少　年　又是　多　少　年，

| 3 | 3 | 3 | 2̂1 | 2 | 2̂3 2 | - | 1 | 1 | 7̣ | 1̂7̣ | 6̣ | 6̣5̣ 6̣ | - |

虽　不　曾　听过　黄　河　壮，　　汹　涌　澎　湃　在　梦　里。
黑　眼睛　黑　头发　黄　皮　肤，　　我　们　全　都是　龙　的　传人。
巨　龙　巨　龙你　擦　亮　眼，　　永　永　远　远你　擦　亮　眼。

　　《龙的传人》演唱提示：带再现的单二部曲式。旋律流畅激昂，节奏活泼有推动感，音域只有九度，适合发声练习和歌唱训练。歌曲的第一、第二、第三乐句是用重复和变化重复的方法发展构成的，演唱情绪相近似。第四乐句演唱时注意音高要准确。第五乐句开始情绪变得激动起来，演唱时注意气息的支持要积极，在力度上与前面几个乐句有所对比，注意演唱时不要为了追求音量而撑喉。

小螃蟹吹泡泡

黄蒲生 曲
昌　雄 词

1 = D 2/4

```
5  5   1· 3 | 2  2   5 | 5 6 7 1  2  5 | 5  4   3 |
池  塘   上  有  绿  草，   绿 草 地 上  真  热  闹。
```

```
5  5   1· 3 | 4  4   6 | 5 6 7 1  2  5 | 3  2   1 |
青  蛙   呱  呱  呱  呱  叫，  这 有 一 只  螃 蟹  吹 泡 泡。
```

```
6  6   4· 6 | 5  5   3 | 4· 3 2 4 | 3   -  |
螃  蟹  螃  蟹  不  会  叫，  只  会  吹 泡 泡。
```

```
4  4   2· 4 | 3  3   1 | 2· 1 7 6 | 5   -  |
泡  泡  一  炸  啪  啪  响，  吓  了 我 一  跳。
```

春之歌

谷建芬 曲
林　澍 词

1 = F 3/8

```
( 1  3  5 | 1· 5 7 | 6· 1 234 5· | 4· 5 3 | 3· 5 2 | 2· 5 67 | 1·   1· ) |
```

```
5    3 | 6   3 | 2 1 72 | 1·   | 7 7· 6 | 6 5 1 | 6   3 |
春  天  春  天  你 在  哪  里？   欢 乐 的  鸟 儿 在  歌  唱
春  天  春  天  春 满 人  间，   春 风    吹 拂 在  车  间
春  天  春  天  你 多  美  丽，   年 轻 的  小 伙 子 爱  上
```

| 2. | 3 | 4̲ 4 | 5 5 3 | 2 2· ⌒1 | 6· | 7̲ 6· 5 | 5 3 7̲ |

你，　　盛　开的　鲜花在　迎接　　你，　　　忙碌的　蜜蜂在
里，　　春　雷回　响在　练兵　　场，　　　春雨　飘洒在
你，　　美　丽的　姑娘　迷上了　你，　　　火热的　心儿

| 6̲ 5· 6̲ | 1· | 1 | 3̲ 5 | i̲ i̲ i | 7 | 6̲ 5 | 7· | 6 | 5̲ 3 |

追逐　着　你。　　青　春的　大地在　拥　抱　你，　　春　天啊
田野　里。　　春　天在　祖国的　怀　抱　里，　　春　天啊
献给了　你。　　勤　劳的　双手啊　打　扮着　你，　　春　天啊

| 2 2 6· | 7̲ 7 1̲ 3 | 2· | 1 | 3̲ 5 | i̲ i̲ i | 7 | 6̲ 5 | 7· |

春天你　和我　在一　起。　　青　春的　大地在　拥　抱　你，
春天你　和我　在一　起。　　春　天在　祖国的　怀　抱　里，
春天你　和我　在一　起。　　勤　劳的　双手啊　打　扮着　你，

1. 2

| 6 | 5̲ 3 | 2 2 6· | 7· | 5· | 3 | 2 | 1· | 1· |

春　天啊春　天你和　我　在　一　起。
春　天啊春　天你和　我　在　一　起。
春　天啊春　天你

3.

| 7· |

和

| 5· | 5· | 5· | 5· | 6· | 7̲ 2 | i· |

我　　　　　　　　　在　一　起。

| i· | i· | i· | i· | i· | i· | i· | 0 |

　　《春之歌》演唱提示：不带再现的单二部曲式。歌曲情绪活泼热烈。体会八三拍歌曲的节奏和旋律进行特点。歌曲旋律第一部分平稳流畅，演唱时注意音符的时值要准确，不要因为追求声音而改变时值。要体会八三拍节奏的流动感，要结合歌词情绪演唱得自然流畅，声音要轻松舒展。第二部分开始是分解和弦音进行，跳进到全曲的最高音，此处也是歌曲的高潮部分，演唱时要在第一小节"青春的"三个字上做好向高音跳进的准备，气息的支持点要下移。高音上的三个字"大地在"要注意咬字吐字准确清晰。

找朋友

佚 名 词曲

1=C 2/4

```
5.  6  5.  6 | 5 6  5 0 | 5 i  7 6 6 | 5 5  3 0 |
找  呀  找  呀  找 朋 友，  我 要  找 一 个  好 朋 友。
```

```
5 5  3. 4 | 5 5  3 0 | 2 4  3. 2 | 1 2  1 0 |  X  X  :||
行 个 礼 呀， 握 握 手，  你 是 我 的  好 朋 友。 （白）再 见！
```

绿　荫

龚耀年 曲
李 众 词

1=F 4/4

```
5 6  5 3. ♪ 1 | 5 5 5 5 6 5 - | 5 6  5 5.  3 | 4 4 4 3 1 2 - |
这里  是 一 座 大大的森 林，  这里  有 一  片 浓浓的绿 荫，
```

```
3 3  4 5.  1 | 2 2 2 1 7 6 - | 5 6  5 5.  3 3 | 2 2 2 6 7 1 - |
这里  是 小  鸟 快乐的天 堂，  这里  有 家  给我 永远的温 馨。
```

6 6 6 6 4　5 5 5 5 3 ｜4 4 3 2 1　3　－ ｜6 6 6 6 4　5 5 5 5 3 ｜

绿荫是妈妈　敞开的胸怀，　敞开的胸　怀；　　绿荫是妈妈　捧起的爱心，

绿荫中我们　幸福地歌唱，　幸福地歌　唱；　　绿荫中我们　读懂了爱心，

4 4 3 2 1　2　－ ｜5 3 3 3 3　5 5 6 5 3 ｜4 4 3 2 1　6　－ ｜

捧起的爱　　心；　　　绿荫是妈妈　付出的辛劳，　付出的辛　劳；

读懂了爱　　心；　　　绿荫中我们　茁壮地成长，　茁壮地成　长；

5 2 2 2 2　3 3 4 3 2 ｜7 7 7 6 5　1　－ ‖：6 4　5 6 5　5　－ ｜

绿荫是妈妈　给我们亲吻，　给我们亲　吻。　　绿荫浓　浓，

绿荫中我们　学会了做人，　学会了做　人。

4 2　3 4 3　3　－ ｜6 7　1 3 3 2 2　6 ｜7　1　2　－ ｜6 4　5 6 5　5　－ ｜

浓浓绿　荫，　　　绿荫织成了美丽　的　童　年，　　绿荫浓　浓，

　　　　　　　　　　　　　　　　　　　　　rit

4 2　3 4 3　3　－ ｜6 7　1 3 2　2　6 ｜5 4　3 2 1　1　－ ：‖

浓浓绿　荫，　　　绿荫化作明天　的　星　辰。

《绿荫》演唱提示：这是一首轻快活泼积极向上的单三部曲式的青少年歌曲。第一部分要演唱得平稳舒展，犹如在诉说，要用弱的力度演唱，气息自然平稳，注意小节之间的节奏对比。第二部分情绪开始热烈起来，演唱时气息和声音要积极活跃，注意切分音节奏要有弹性，气息要积极支持声音，歌声要有起伏跌宕的感觉。第三部分是全曲的高潮部分，节奏变得舒展悠长，用中强的力度演唱，注意共鸣腔体要打开，气息积极支持。歌曲演唱的重点是声音表现要有层次感，难点是切分音节奏要准确。

摘星星

王 莘 曲
杨黎群 词

1=D 2/4

天 上 星，

亮 晶 晶，

我 要 把 它 摘 下 来，

送 给 盲 童 当 眼 睛。

我 要 把 它 摘 下 来，

送 给 盲 童 当 眼 睛。 睛。

樱花谣

1=C 2/4

日本民歌

（曲谱）

樱花呀 樱花，三月 里 盛开的樱 花。

樱花呀 樱花，晴空 间 灿烂的云 霞。 它

不怕狂风 吹，它 不 怕暴雨 打， 花瓣虽然 飘 零，

花枝永远挺 拔， 花枝 永远 挺 拔。 啊！

孩子 啊！ 孩子啊！ 不怕困 难，

坚持斗 争， 年 年虽有 风和雨， 樱花总要 盛 开，

樱花总要 盛 开， 在 富士山 下， 在 富士山 下。

《樱花谣》演唱提示： 这是一首非常具有代表性的日本民歌。和另一首日本民歌《樱花》一样，充分表现出日本民歌旋律进行的风格特点。歌词表达的是对樱花不怕风吹雨打、永远坚韧挺拔的品格的赞颂，并且激励人们要像樱花那样不怕困难、坚持斗争。歌曲旋律是用重复和变化重复的方法发展而成的。在高音区进行的旋律较多，所以演唱起来还是有一定难度的。首先要根据演唱能力和音域确定合适的调高；其次要正确控制气息，使气息悠长、灵活、有支持力，与声音充分呼应、融合。

小小音乐家

达 尼 曲
安 波 词

1=C 2/4

1. 2 3 4	5 6 7 i̲	5 i̲ i̲ i̲	7 6 5
do re mi fa	sol la si do,	我 是 小 小 的	音 乐 家,

6 5	2 2 3 5	6 5	3 4 3 2 1
唱 歌	呱 呱 叫,	指 挥	顶 呱 呱。

X X. X	X X	i̲ 7 6 5 4	3 2 1
预 备 起,	一 二	do si la sol fa	mi re do。

‖: 5 i̲ i̲ i̲ | 7 6 5 | 2 3 5 | 6 5 3 5 3 2 |

教 给 爸 爸 教 给 妈, 他 们 乐 得 笑 哈
劝 我 努 力 再 学 习, 做 个 小 小 音 乐

1 2. 3	1 — :‖	1. 2 3 4	5 6 7 i̲
哈, 笑 哈 哈。		do re mi fa	sol la si do,
家, 音 乐 家。			

i̲ 7 6 5 4	3 2 1 ‖
do si la sol fa	mi re do。

尼罗河畔的歌声

埃及民歌

1=A 2/4

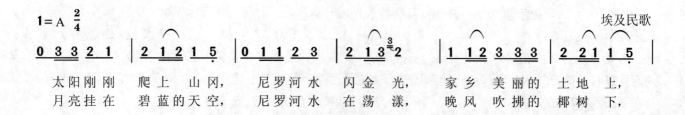

太阳刚刚 爬上 山冈， 尼罗河水 闪金 光， 家乡美丽的 土地上，
月亮挂在 碧蓝的天空， 尼罗河水 在荡 漾， 晚风吹拂的 椰树下，

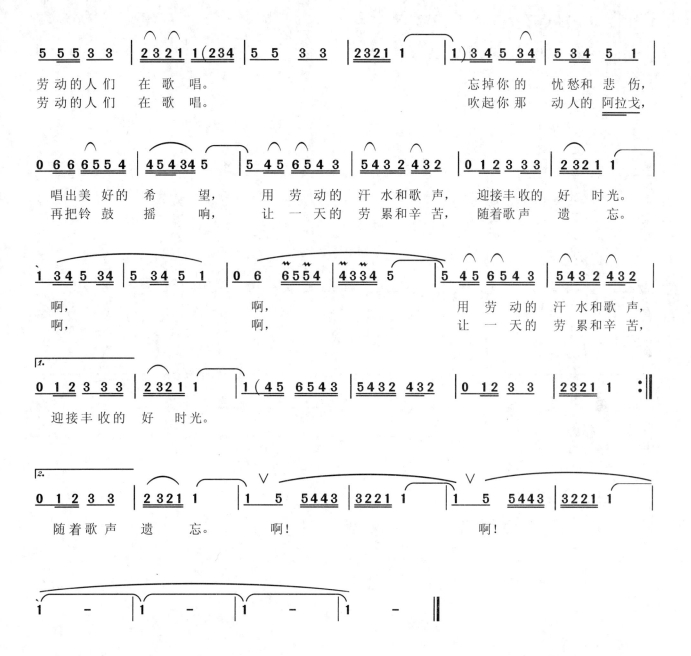

　　《尼罗河畔的歌声》演唱提示：带再现的单二部曲式，第二部分重复一次。歌曲具有非洲节奏特点，旋律悠扬动听，表达人们热爱家乡、热爱劳动、积极向上和通达乐观的情感，应该用明亮而且富有弹性的声音来演唱这首歌曲。歌曲第一部分从中音区开始，只要用合适的调高演唱就不会有困难，只是要注意咬字吐字的清晰。歌曲第二部分旋律大多在高音区进行，节奏欢快，情绪热烈，演唱时注意气息的支持要坚定有力而且灵活，注意后半拍弱起节奏和休止符的时值要准确。此歌曲也可以看作是由 6 个乐句构成的单一部曲式。

蒲公英的娃娃

田　光　曲
李如会　词

1=♭E 2/4

‖: (5. 6 5. 6 | 4 4 4 3 | 2 3 2 3 2 5· | 1 1 1 0) ‖

5. 6 5 6 | 5 1 0 | 2 2 3 2 3 | 2 5· 0 |

蒲　公英的娃　娃　离开了它的妈　妈，
蒲　公英的娃　娃　直飞得又累又　乏，
蒲　公英的娃　娃　梦见了春雨沙　沙，

1. 7 6 1 | 2 5 0 | 6. 5 6 5 | 4 3 5 2 0 |

撑　着一把小　伞，飞　呀，飞　呀，
落　在山坡小路　边，睡　吧，睡　吧，
伸　伸它的腰　肢，生　根发　芽，

|1.2
5. 6 3 2 1 2 | 1 — :‖
飞　到天　涯。
什　么也别　怕。

|3.
5. 6 3 1 | 2 6 5 |
又是一个新

5 — | 5 0 0 ‖
家。

茉莉花

1 = E 4/4

江苏民歌

3 35 6i i6 | 5 565 5 - | 3. 235 6i i6 | 5 565 5 - |

好 一朵 美 丽的 茉 莉 花，　　好 一朵 美 丽的 茉 莉 花，

5 5 5 35 | 6 6 5 - | 3 23 5 32 | 1 121 1 - |

芬 芳 美 丽 满 枝 丫，　　又 香 又 白 人 人 夸。

32 13 2. 3 | 5 6i 5. 3 | 2 35 23 16̣ | 5̣ - 6̣ 1 |

让 我 来 将 你 摘 下，　　送 给 别 人 家，　　茉 莉

2. 31 2 16̣ | 5̣ - - 0 ‖

花，　　茉 莉 花。

《茉莉花》（江苏）演唱提示：这是一首非常著名的江苏民歌，由6个乐句构成的单一部曲式。普契尼曾在他的歌剧《图兰朵》中，把这首民歌改编成女生合唱曲。歌曲赞美茉莉花的洁白芬芳，抒发对茉莉花的热爱之情。歌曲从低音区开始，"好"字唱时口腔要打开，气息深沉，要唱得舒展深情，真假声混合到位，注意声音的高位置。"美丽的"唱时要让喉头放松，声音不吊不挤，要唱得宽一点儿。唱低音时要有高位置共鸣，不能压迫喉头。

数蛤蟆

1=G $\frac{2}{4}$

四川民歌

5 3	5 3	5 1	2	5 3	5 3	5 1	2
一只	蛤蟆	一张	嘴，	两只	眼睛	四条	腿，

5 3	5 3	1 2 3	2· 1	6 1 6 1	2	1 1 6	5
乒乒	乓乓	跳下	水 呀。	蛤蟆不吃水，		太平	年。

6 1 6 1	2	1 1 6	5	3 5 2 3	5	3 1	2
蛤蟆不吃水，		太平	年。	荷儿梅儿	呦，	水上	漂。

3 5 2 3	5	3 1	2
荷儿梅儿	呦，	水上	漂。

布谷鸟

1=F 2/4

法国民歌

$\underline{5}$ | 1. 7 | 1 3 | 1 1 3 | 2. 1 2 3 | 1. 5 5 |
在　　远处小树　林里，有　一只布谷　鸟，它在

1 1 7 1 3 | 1 1 3 | 2. 1 2 3 | 1. 5 | 3. 5 |
高高的橡树顶上，向猫头鹰召唤。布谷，布

3. 3 | 2. 1 2 3 | 1. 5 | 3. 5 | 3. 3 |
谷，布谷，布谷,布谷。布谷，布谷，布

2. 1 2 3 | 1. 5 | 5 i 7 6 | 5 5 5 | 4. 3 4 5 |
谷,布谷,布谷。在远处小树林里,有一只布谷

3. 5 5 | 5 i i 7 6 | 5 5 5 | 7. 6 7 7 | i. |
鸟, 它在高高的橡树顶上,向猫头鹰召唤。

　　《布谷鸟》演唱提示：这是一首由6个乐句构成的单一部曲式的歌曲。歌曲结构简练，用重复和变化重复的方法发展而成。第二乐句是第一乐句的完全重复，第四乐句是第三乐句的完全重复，第六乐句是第五乐句的变化重复，同时第三、第四乐句也是第一、第二乐句的变化重复。第一、第二乐句要用诉说的感觉去演唱，要唱得轻松不能沉重。第三、第四乐句是模仿布谷鸟的叫声，要唱得欢快活泼。第五、第六乐句出现全曲的最高音，要唱得饱满而又有节制。注意歌曲的气口安排，一般是一个乐句一个气口。

动物的脚

唐译民 曲
贺 铁 词

1=E 2/4

茉莉花

扬州民歌

1=♭E 2/4

```
3 2 3 5   6 5 1 6 | 5 3 5    6 | 1 2 3  2 1 6 1 | 5  —  |
好 一 朵 茉  莉 花,         好 一 朵 茉 莉 花,
好 一 朵 茉  莉 花,         好 一 朵 茉 莉 花,
好 一 朵 茉  莉 花,         好 一 朵 茉 莉 花,

5 3 5    6 | 1 2 3  1 6 5 | 5 2   3 5 3 2 | 1 6 1.  |
满 园     花 草   香 也 香 不 过 它。
茉 莉     花 开   雪 也 白 不 过 它。
满 园     花 开   比 也 比 不 过 它。

3 2 1   2. 3 | 5 6 1  6 5 | 5 3 2   3 5 3 2 | 1 2 6.    1 |
我 有 心 采   一 朵 戴,  看 花 的 人 儿   要
我 有 心 采   一 朵 戴,  又 怕 旁 人   
我 有 心 采   一 朵 戴,  又 怕 来 年   

2. 3  1 2 1 6 | 1 6 5.  ‖: 3 2 1   2. 3 | 5 6 1  6 5 |
将 我 骂。         我 有 心 采   一 朵
笑       话。
不       发 芽。

5 3 2   3 5 3 2 | 1 2 6.    1 | 2. 3  1 2 1 6 | 5 6 1 3  2 1 6 1 | 5  —  ‖
戴, 又 怕 来 年   不 发 芽。
```

《茉莉花》(扬州)演唱提示：相同题目、相同歌词内容而旋律各异的《茉莉花》在我国民歌中还有很多首。歌曲是由4个乐句加1个结束句构成的单一部曲式，旋律婉转抒情，歌曲赞美茉莉花的美丽洁白和芬芳典雅。歌曲音域较宽，达到十三度，演唱时有一定的难度。注意在高音区歌唱时气息的支持点不要上移，口腔打开而且声音要有所控制，要让声音集中而不发散，控制好音量不要过强，要唱出江南小调婉转抒情的特点。

比尾巴

周勤耀 曲
程宏明 词

1 = C 2/4

| 1 1 | 1 3 | 5 | - | 6 6 | 6 i | 5 | - |

谁 的 尾 巴 长？　　　谁 的 尾 巴 短？
谁 的 尾 巴 弯？　　　谁 的 尾 巴 扁？

| 6 6 | i i | 5 6 | 3 | 5 3 | 2 1 | 2 | - |

谁 的 尾 巴 好 像 好 像 一 把 伞？
谁 的 尾 巴 最 呀 最 呀 最 好 看？

| 1 1 | 1 3 | 5 | - | 6 6 | i 5 | 6 | - |

猴 子 尾 巴 长，　　　兔 子 尾 巴 短，
公 鸡 尾 巴 弯，　　　鸭 子 尾 巴 扁，

| i i | 6 | 5 6 | 3 | 5 3 | 2 2 | 1 | - |

松 鼠 的 尾 巴 好 像 一 把 伞。
孔 雀 的 尾 巴 最 呀 最 好 看。

小茉莉

1=C 4/4

丘 晨 词曲

(3. 4 5 1̇ | 6 4 - 4 | 3 - 2̲1̲ 7̣2 |

1 - - -) ‖: 5̣5̣ 4̲3̲ 2̲1̲ 7̣1 | 5̣ 0 4̣ 6 |

夕 阳 照 着 我 的 小 茉 莉, 小 茉
月 亮 伴 着 细 雨 都 睡 着, 都 睡

5̣ - 0 0 | 0 6̲7̲ 1̲3̲ 6̲5̲ | 2 - 1 3 |

莉, 海 风 吹 着 她 的 发, 她 的
着, 我 的 茉 莉 也 睡 了, 也 睡

2 - 0 3̲4̲ | 5. 6̲ 5̲3̲ 2̲1̲ | 4̣ - 0 6̲7̲ |

发。 我 和 她 在 海 边 奔 跑, 她 说
了。 寄 给 她 一 份 美 梦, 盼 望

1 03̲ 2̲1̲ 7̣2 | 1 - 0 0 ‖: 4̲3̲ 2̲1̲ 2. 3 |

她 要 寻 找 小 贝 壳。 小 茉 莉, 请
她 不 忘 记 我。

4̲3̲ 2̲1̲ 2 5̣ | 4̲5̲ 6̲7̲ 1. 3 | 2̲1̲ 7̣2 1 - :‖

不 要 把 我 忘 记, 太 阳 出 来 了, 我 会 来 探 望 你。

《小茉莉》演唱提示:歌曲旋律优美,歌词意境深远。歌曲开始八度跳进,要把"夕"字唱得稍微开一些,感觉上腭与舌面有很大的距离,使声音的通道畅通,不能把这个字唱扁了,气息的支持点要深,共鸣位置要高,要把这个闭口音的字宽唱。到"阳"字时迅速地张嘴打开口腔,气息支持要有力,但这个字不能唱得太突然,应该是圆润的、有节制的,使"夕阳"两个字结合紧密,要感觉两个字是从相同的共鸣位置上唱出的。"奔跑"两个字向下五度跳进,不能提气压喉,声音要自然舒展。

一群小鸟多快乐

任 明 曲
李如会 词

1=D 2/4

3 | 1. 3 | 1 5 0 | 3 5 6 5 3 | 5 — |
一 只 小 鸟 多 呀 多 寂 寞，

6 | 5. 6 | 5 3 0 | 1 6 3 2 1 | 2 — |
两 只 小 鸟 有 呀 有 话 说，

3 5 | 6 5 | 6 — | 6 5 3 | 2 1 6 |
三 只 小 鸟 一 台 戏 呀，

5. 6 1 3 | 2 2 2 | 2 5 2 2 | 1 — |
一 群 小 鸟 唱 起 歌， 多 呀 多 快 活。

5. 6 3 | 5 — | 2. 3 1 | 2 — |
啦 啦 啦 啦， 啦 啦 啦 啦，

5. 6 1 3 | 2 2 2 | 2 5 2 2 | 1 — ‖
一 群 小 鸟 唱 起 歌， 多 呀 多 快 活。

骊 歌

美国民歌

$1 = {}^\flat A$ $\frac{4}{4}$

```
5. 1 | 3 3  2  1. 7  1 6 | 5. - 5. 3 | 2 2  2  #1 2  4 3 |
看那  乌云 已  笼  罩的  群  山， 啊，  你就  要  离开  我的
你听  海涛 不  住地  奔腾  呼  喊， 啊，  应着  我  心中  无限

2 - 2  5. 1 | 3 3  2 1. 7 1 6 | 5. - 5. 1 7 | 6 6  2 1 7 7  3 2 |
身  边， 今后 我们  将远 隔万里 关  山， 只能  默默 隐藏 我的 思
留  恋， 我的 热情  常燃 烧在我 心  间， 我要  等待 直到 我们 再相

1 - 1  0 5 | 6  1 4.  6 | 5. 1  3  1. 1 | 7. 6 7 1  2 2 4 4 |
念。}     珍重 再  见， 一路 平 安， 我要 时刻 等你 在美丽的
见。}

3 - 1  0 5 | 6  1 4.  6 | 5. 1  3.  1 | 7. 1 2. 3 2 7 | 1 - - :‖
花  园。 珍重 再  见， 一路 平 安， 祝福 你直 到再相 见。
```

《骊歌》演唱提示：骊（lí）歌，就是告别的歌。歌曲是不带再现的单二部曲式，音域只有七度，适合用作发声练习和歌唱训练。歌曲从低音区起唱，打开口腔并且唱在高的共鸣位置上，声音要有弹性，从容地唱出后面的切分音节奏。注意第二乐句的临时变化音要唱准。歌曲的第二部分具有副歌的特点，要唱得平稳舒展而不生硬，不必强调节拍重音，否则会影响歌曲的抒情性。

第三部分

太阳小鸟夸奖我

苏 勇 曲
杨春华 词

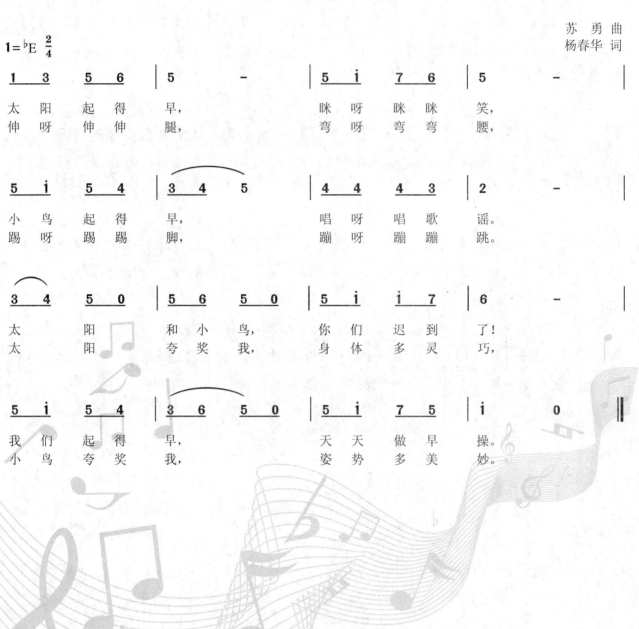

1=♭E 2/4

1 3	5 6	5	-	5 i	7 6	5	-

太阳 起得 早，　　　　眯呀 眯眯 笑，
伸呀 伸伸 腿，　　　　弯呀 弯弯 腰，

| 5 i | 5 4 | 3 4 | 5 | 4 4 | 4 3 | 2 | - |

小鸟 起得 早，　　　　唱呀 唱歌 谣。
踢呀 踢踢 脚，　　　　蹦呀 蹦蹦 跳。

| 3 4 | 5 0 | 5 6 | 5 0 | 5 i | i 7 | 6 | - |

太 阳 和 小 鸟，　你们 迟到 了！
太 阳 夸 奖 我，　身体 多灵 巧，

| 5 i | 5 4 | 3 6 | 5 0 | 5 i | 7 5 | i | 0 |

我们 起得 早，　天天 做早 操。
小鸟 夸奖 我，　姿势 多美 妙。

梧桐树

奚其明 曲
杨展业 词

1=♭E 4/4

```
1 2  3 i  7 6    3  | 5 4 4.    4  -  | 2 3 4 7 6 5    2 |
```

远 方 吹 来 一 阵　　秋 风，　　　　赶 走 了 熟 悉　　　　的
远 方 吹 来 一 阵　　秋 风，　　　　托 起 了 满 树　　　　的

```
4 3 3.    3  -  | 1 2  3 i i 7 3    i | 7 6 6.    6.    i |
```

树 叶，　　　　　从 此 再 没 有 温 存　的　绿 荫。　　　噢！
果 实，　　　　　只 等 到 播 种 时　节　来 临。　　　　噢！

```
7 5 5  0 7  6 4 4  0 6 | 5 2  4 5  5. | 3̂2̂1̂ | 1  -  -  - |
```

听 不 见　　噢！听 不 见　林　中 的 宁 静，　宁　　静。
遍 地 是　　噢！遍 地 是　生　命 的 精 灵，　精　　灵。

```
‖: i.    3̇ 7.    5 | 6 6 6 6 7 i 5 3    - | i.    3̇ 7.    5 |
```

噢！　　　我　童 年 的 梧　桐　树，　　　　噢！　　　　我
噢！　　　我　青 春 的 梧　桐　树，　　　　噢！　　　　我

```
1. 6 6 6 7 i 3̇ 2̇    2̇  -  :‖ 2. 2/4  6 6 6  7 i 3̇ 2̇ :‖ 4/4 2̇  -  -  2̇ i |
```

心 中 的 梧　桐 树。　　　　　　　　心 中 的 梧　桐　树。　　　　　　噢！

```
7 5  0 7  6 4  0 6 | 5 2 2 4 5  5. | 3̂2̂1̂ | 1  -  -  - | 1  -  -  - ‖
```

噢！　　　我　心 中 的 梧 桐　　　　树。

　　　《梧桐树》演唱提示： 歌曲为带再现的单二部曲式。歌词意境深远，既是对时光流逝的慨叹，又是对美好未来的无限憧憬。歌曲旋律风格清新别致，别有一番滋味在其中。第一部分演唱时要注意控制好气息和音量，情绪平稳安宁，在低音上起唱时注意把握好歌唱声音的高位置，不能压喉撑喉，要从容自然。向上六度跳进时喉部不能用力，气息有支持而不突然用力。第二部分旋律大多在高音区进行，情绪激动，感情丰富，演唱时不能把声音唱得过开过散，"噢"字唱时要有气息的支持，要使声音集中；"我童年的梧桐树"歌词要唱得清晰准确。

小麻雀

于美玉 曲
王全仁 词

1=F 3/4

2 5 5 2 | 1 1 2 0 | 2 5 5 2 | 1̣ 6̣ 5̣ 0 |

小 麻 雀　　喳 喳 叫，　　走 起 路 来　蹦 蹦 跳。

5̣ 6̣ 6̣ 6̣ | 2 5 6̣ 6̣ | 2 5 5 3 | 2 － － | 1 1 2 0 ‖

见 了 妈 妈　唱 起 歌 呀，见 了 小 朋 友　　　问 声 好。

踏着夕阳归去

叶佳修 词曲

1=E 2/4

```
6  6    7  | 1    1 6 | 7    7 5 | 3    -  | 6·   7  | 1    1 2 |
远  远    地    见    你  在    夕    阳  那    端，         打       着       一    朵

我  仿    佛    是    一  叶    疲    惫  的    归    帆，     摇       摇       晃    晃    划    向    你
```

```
3· 2  1 2 | 3    -  | 6    6  | 5· 6  5 2 | 3  3 | 4  | 3    -  |
细  花  洋    伞，         晚    风    将  你    的    长  发    飘    散，

高  张  的  臂    弯，         苍    穹  有    急    切  的    呼    唤    在    响，
```

```
6  6  6  3 | 2· 3  2 1 | 7   5 | 6   -  :|| 3·   3 | 5  5    5 |
半  掩  去  酡    红    的    面      庞。                来       吧，    让  我    们

亲  亲  别  后    是    否    仍      无    恙？
```

```
6  6    5  | 3    -  | 2·   2  | 2   2 5 | 3·   3 2 | 3    -  |
携  手    共    行，         追       逐       夕  阳    的    步    履。
```

```
6    0 3 | 2· 3  2 1 | 7   5 | 6   -  | 4·   4  | 4  4    5 4 |
走       在  林    间    的    小      径，         撩       过       清  清    小
```

```
3    -    3 | 3    -  | 6·   6  | 5· 6  5 2 | 3  3 | 4  | 3    -  |
溪，             那       儿       有  一    座    小  小    蜗    居，
```

```
6  6    3  | 2· 3  2 1 | 7    -  | 4  4  4 | 3  7· 1 | 6    -  ||
等  待    着    我    们          踏    着  夕  阳    归  去。
```

《踏着夕阳归去》演唱提示：带再现的单二部曲式。歌曲旋律悠扬动听，节奏活泼具有推动感；歌词意境深远，耐人寻味。歌曲第一部分开始要唱得平稳舒展，第一乐句第四小节的"端"字是全曲的最低音，唱的时候不要压喉，要使喉部放松，气息支持点下移，用叹息的感觉唱出。歌曲的第二部分节奏拉宽旋律更加抒情，唱时要做到气息饱满而有支持力。最后一句"踏着夕阳归去"中的三连音节奏要唱准确。

小虾变成小罗锅

姜春阳 曲
李如会 词

1=F 2/4

```
2    3    3    | 2  1    6 ·  | 2    3    ⌒2  1   6 ·  |
小   鱼   呀,    小  虾   呀,    是    同    桌     呀,
小   鱼   呀,    上  课   呀,    坐    得    直     呀,

6· 6    2    | 6· 6    1  | ⌒6· 2    ⌒1  6 ·  | 5    5    :|
一  般   呀,    高 来   呀,    一    般    矬    呀。
小  虾   呀,    总 爱   呀,    趴    在    桌    呀。

3 5  3 5   | 3 1    2  | 3 5  3 5   | 3 1    2  |
日 子  一 长    不 得   了,    小 虾  变 成    小 罗   锅,

3 1    2   ♪  | 3 1    2  | ⌒6· 2    ⌒1  6 ·  | 5    -  |
小 罗   锅,       小 罗   锅,    哎    呀    呀!

6· 6    1  6 ·  | 5 ·    0   | X    0   ‖
变 成   小 罗   锅。          哎!
```

美丽的姑娘

哈萨克族民歌

1 = G 2/4 3/4

```
‖: 5  5 5  i  7 | 6  7  i  6  5 | 5  5  i  7 | 6  7  2 | i  -  |
```

1 { 美 丽 的 姑 娘　见 过 万　千，　独 有 你　最 可 爱。
    把 你 的 容 貌　比 作 鲜　花，　你 比 鲜 花　还 要 艳。

2 { 你 的 舞 姿　轻 盈 妩 媚，　好 像 天 上 神　仙。
    话 儿 从 你　嘴 里 吐 出，　就　变 得 清　甜。

```
i  -  | 5  5  i. 7 | 6  7  7  i  6  5  3 | 5  5  5  6. 5 |
```

你 像　冲 出 朝 霞 的 太　阳，　无 比 的 新
世 上 多 少 人（呀）向　你　望 得 脖　子
你 那　流 星 似 的 双　眼，　能 把 海 底
只 有　最 吉 祥 的 日　子，　你 才 下

```
3. 1  2  3  2  7 | 1  -  | 1  -  :‖ 1  1  6  5 |
```
                                  1.2

鲜。　姑 娘　呀！　　　　　　你 像 鱼 儿
酸。　姑 娘　呀！
穿。　姑 娘　呀！
凡。　姑 娘　呀！

```
6  i  6  5  3  3  3 | 2  3  4  5 4 | 3. 1  2  3  2  7  1 | 1  1  6  5 |
```

生 活 在 自 由 的 水 晶 宫　殿，　姑 娘 呀！　又 像 夜 莺

```
6  i  6  5  3  3  3 | 2  3  4  5 4 | 3. 1  2  3  2  7 | 1  -  | 1  -  :‖
```

歌 唱 在 自 由 的 青 翠 林　园。　姑 娘　呀！

《美丽的姑娘》演唱提示：歌曲欢快活泼，积极向上，充满热情。四三和四二变换节拍，要注意体会歌曲的节奏和旋律进行特点。歌曲开始在中音区，要找好共鸣位置，"美丽的"三个字既要咬字吐字清晰，又不要把声音唱扁了、挤了，要感觉上口盖向上抬起并且和舌面之间有一定的距离。歌曲第一部分的气口安排可根据个人情况在二小节或四小节后吸气。副歌部分的气口安排可有两种处理：一是第一小节后吸气；二是在"殿"字上八分附点音符后吸气，这就要求演唱时做到声断意连。

知 了

广 流 词曲

1=A 2/4

3·   5 | 6 1   1 6 | 5·   6 5 | 0 |
河   边 杨   柳   梢，

3·   5 | 6 1   1 6 | 5·   6 5 | 0 |
知   了 声   声   叫，

3·   2 | 3·   2 | 1·   6 | 1·   6 |
知   了， 知   了， 知   了， 知   了，

5   3 | 2·   6 | 1   — | 1   0 ‖
夏   天 已   来 到。

乡间的小路

叶佳修 词曲

1=G 2/4

6·   3 | 6 67 6 5 | 5·   2 | 5 56 5 4 | 0 4 4 5 | 6 5 4 3 | 2   2 | 5   5 |

※

‖: 3   0 3 | 3   6 6 | 1   6 5 | 6   — | 6   6 6 | 6   6 1 |
走   在 乡 间 的 小 路 上，   暮 归 的 老 牛 是
荷   把 锄 头 在 肩 上，   牧 童 的 歌 声

《乡间的小路》**演唱提示**：歌曲具有带再现的单三部曲式结构特点。歌曲节奏整齐，多数一字一音，表达作者热爱乡居田园生活的情怀。歌曲第一部分从中音区开始，演唱时注意气息和音量的控制，要使声音有弹性，八分休止符的时值要准确。歌曲的第二部分从高音区开始，演唱时要打开口腔，让声音得到充分的共鸣；同样也要控制好音量，不要唱得太强，以免破坏歌曲意境。注意气口的安排一定要合理，要根据自己的实际能力和歌曲内容安排气口。

画妈妈

汪 玲 曲
王 森 词

1=F 2/4

| 3 5 | 5 | 1 3 | 3 | 3 5 | 5 | 1 3 | 6 |

小 蜡 笔，　米 里 米，　画 呀 画，　米 里 米，
好 妈 妈，　米 里 米，　笑 哈 哈，　米 里 米，

| 1 1 | 6· 6 | 3 3 | 2 | 5 | 3 0 | 5 | 3 0 |

画 出 我 的　好 妈 妈，　米　里，　米　里，
胸 前 开 朵　大 红 花，　米　里，　米　里，

| 1· 1 | 3 3 | 1 | 3 | 6· | 0 ‖

画　出 我 的　好　妈　妈。
胸　前 开 朵　大　红　花。

光阴的故事

罗大佑 词曲

1=G 6/8

```
5  5  5  5  5 6  5 | 3  3  2  3  1  3 | i  i  i  6  i   6 5 | 5.     5     0 |
春 天 的 花    开 秋 天 的 风 以 及   冬 天 的 落          阳,
发 黄 的 照    片 古 老 的 信 以 及   褪 色 的 圣          诞   卡,
遥 远 的 路    程 昨 日 的 梦 以 及   远 去 的 笑          声,

i  i  i  6  i     6 | 5  5  5  6  5  1  3 | 5  5  5  6  5   3 | 2.     2     0 |
忧 郁 的 青      春 年 少 的 我 曾 经   无 知 地 这   么 想,
年 轻 时 为      你 写 下 的 歌 恐 怕   你 早 已 忘   了 吧?
再 次 的 见      面 我 们 又 经 历 了   多 少 的 路       程,

5  5  5  5  5 6  5 | 3  3  2  3  1  3 | i  i  i  6  i   6 5 | 5.     5     0 |
光 阴 它 带    走 四 季 的 歌 为 我   轻 轻 地 悠          唱,
过 去 的 誓    言 就 像 那 课 本 里   缤 纷 的 书          签,
熟 悉 的 旧    日 熟 悉 的 你 有 着   旧 日 狂 热的        梦,

i  i  i  6  i     6 | 5  5  5  6  5  1  3 | i  i  i  i  6  7  i | 2.     2     0 |
风 花 雪 月      的 诗 句 里 我 在   年 年 地 成          长。
刻 画 着 多      少 美 丽 的 诗 可 是   终 究 是 一 阵      烟。
也 不 再是旧    日 熟 悉 的 我 有 着   依 然 的 笑          容。

2  2  2  5  3 | 2 | i  i  i  6  2 | i | 5  5  3  5   6 | 5.     5     0 |
流 水 它 带    走 光 阴 的 故    事 改 变 了 一   个 人,
流 水 它 带    走 光 阴 的 故    事 改 变 了 两   个 人,
流 水 它 带    走 光 阴 的 故    事 改 变 了 我       们,

2  2  2  5  3 | 2 | i  i  i  6  2 |    i | 6  6  5  2   3 | i.     i. |
就 在 那 多    愁 善 感 而 初    次
                                    { 等 待 的 青       春。
                                    { 流 泪 的 青       春。
                                    { 回 忆 的 青       春。
```

《光阴的故事》演唱提示：全曲是由 6 个乐句构成的，第三、第四乐句是第一、第二乐句的重复和变化重复，第六乐句是第五乐句的变化重复。歌词通过对旧日经历的回忆，抒发对时光匆匆易逝、如流水般一去不返的慨叹。歌曲旋律流畅，节奏简洁，易于歌唱。演唱通俗歌曲时要注意：声音不要太靠前，不要唱出白声，不要真假声分离。要控制好气息和真假声混合，不能低音区用真声、高音区突然用假声，这样会破坏歌曲的意境，影响声音的流畅。

别笑我是小蝌蚪

任　明 曲
向敬之 词

1＝C 2/4

| 1 | 1 | 1. | 3 | 5▽ | 6▽ | 5 | － |

别　　笑　　我　　　　是　　小　　蝌　　蚪，
虽　　说　　我　　　　是　　小　　蝌　　蚪，

| 6. 6 | 6 7 | i | 6 | 5 | 3. | 2 | － |

游　　在　水　　中　　　　　光　　溜　　溜。
慢　　慢　长　　大　　　　　显　　身　　手。

| 3 | 3 2 | 1 | 1 | 4 4 | 4 5 | 6 | － |

我　　和　　水　　草　　说　说　悄　悄　话，
害　　虫　　见　　我　　吓　得　尿　湿　裤，

| i | 5 | 6 | 3. | 2 1 | 2 5 | 1 | － ：‖ |

我　　跟　　鱼　儿　　真　诚　交　朋　友。
农　　民　　伯　伯　　夸　我　好　帮　手。

| 5 | 5. | i | 0 | 0 ‖ |

好　帮　　　手。

厄尔嘎兹山

土耳其民歌

1＝G 2/4

| 6 | － | 3 | － | 2 3 1 2 | 3 | － | 3 3 | 6 | 5 | #4 5 | 3 | － | 3 | － |

厄尔　　　嘎兹，　　阿纳 托里 亚，　　雄伟　啊 人 人　　夸。
山　　　峰　　陡峭 又 挺 拔，　　山尖　向 蓝 天　　插。
山　　　涧　　水帘 倒 挂，　　蜿蜒　到 山 脚　　下。

6· －｜3　－｜2 3 1 2｜3　－｜3 3　6｜5 #4 5｜3　－｜3　－｜

厄尔　嘎兹，　阿纳 托里　亚，　雄伟 啊 人 人　夸。
山　峰　陡峭 又挺　拔，　山尖　向 蓝 天　插。
山　涧　水帘 倒　挂，　蜿蜒 到 山 脚　下。

5 5 5 5｜5 #4 6｜5　－｜5　－｜2 2 2 2｜2 1 3｜2　－｜2　－｜

春光 明媚 披 彩　霞，　山林 景色 美 如　画，
薄雾 蒙蒙 飘 轻　纱，　白云 轻轻 绕 山　崖，
绿山 坡上 开 鲜　花，　遍地 牛羊 在 喧　哗，

2 2 2 2｜2 1 7｜6·　－｜3　－｜2 2 2 2｜2 1 7｜6·　－｜6·　－｜

春光 明媚 披 彩　霞，　山林 景色 美 如　画。
薄雾 蒙蒙 飘 轻　纱，　白云 轻轻 绕 山　崖。
绿山 坡上 开 鲜　花，　遍地 牛羊 在 喧　哗。

【补充句】
6· －｜3　－｜2 3 1 2｜3　－｜3 3　6｜5 #4 5｜3　－｜3　－｜

厄尔　嘎兹，　阿纳 托里　亚，　雄伟 啊 人 人　夸，

6· －｜3　－　3　－　3　－｜1　－｜5　－　5　－　5　－｜

厄尔　嘎兹，　　　　厄尔　嘎兹，

3　－｜6　－　6　－　6　－　6　－　6　－　6　－　6　－｜｜

厄尔　嘎兹。

《厄尔嘎兹山》演唱提示：厄尔嘎兹山是土耳其阿纳托里亚高原上的托曼斯山主体的最高峰，巍峨壮丽、矿藏丰富、绿树成荫、牛羊成群，是土耳其人民的骄傲。歌曲为一段体加补充乐句的结构形式，重复旋律和固定节奏的运用体现了阿拉伯音乐的风格特点。演唱时注意强弱力度的变化，原乐句和重复乐句、原乐句和变化重复乐句之间的力度变化要把握准确。注意唱准歌曲中的临时变化音。要根据个人能力和歌词内容确定气口的安排。

小燕子

王京其 曲
胡鹏南 词

1=C 3/4

```
5   6   3  5  -  -  | i  6   6  5  -  -  |
小   燕  子,          真  美  丽,

5   6   i  | 6  -  -  | 5   3   2  | 1  -  -  |
我   们  大  家          都  爱  你。

3 5  5   5 0 | 6 i  i   i 0 | 6 i  6   5  | 3 3  2  -  |
除害 虫   呀,   保庄 稼   呀,   你为 丰   收   出力 气。

3 5  5   5 0 | 6 i  i   i 0 | 1 2  3   5  | 2 2  1  -  |
除害 虫   呀,   保庄 稼   呀,   你为 丰   收   出力 气。

5   6   3  5  -  -  | i  6   6  5  -  -  |
小   燕  子,          真  美  丽,

5   6   i  | 6  -  -  | 6   5   6  | i  -  -  | i  -  -  ‖
我   们  大  家          都  爱  你。
```

知道不知道

1 = ♭B 2/4

陕北民歌

(3 5 3 2 1 6 5 3 | 2. 5 3 | 2. 6 1 6 5 | 5 -) |

3 3 2 1 2 | 3 5 3 2 3 3 | 3 3 2 1 6 5 3 | ³₂ - |

山 清 水 秀 太 阳 高, 好 呀 么 好 风 飘,
山 清 水 秀 太 阳 高, 好 呀 么 好 风 飘,
山 清 水 秀 太 阳 高, 好 呀 么 好 风 飘,

3 5 1 6 5. 6 | 1 6 1 2. 2 | 2. 6 1 6 5 | 5 - |

小 小 船 儿 撑 过 来, 它 一 路 摇 呀 摇。
一 心 想 着 他 呀 他, 我 想 得 真 心 焦。
三 步 两 脚 跑 呀 跑, 快 赶 到 土 地 庙。

5 2 3 | 2 2 1 6 5 | 3 3 2 1 6 5 3 | ³₂ - |

为 了 那 心 上 人, 起 呀 么 起 大 早,
为 了 那 心 上 人, 睡 呀 么 睡 不 着,
我 情 愿 陪 着 他, 陪 呀 么 陪 到 老,

3 5 1 6 5. 6 | 1 6 1 2. 2 | 2. 6 1 6 5 | 5 - | 1.2

也 不 管 呀 路 迢 迢, 我 情 愿 多 辛 劳。
我 只 怕 呀 找 不 到, 那 教 我 怎 么 好?
除 了 他 呀 都 不 要, 他 知 道 不 知

3.

5. 2 | 2. 6 1 6 5 | 5 - |

道? 他 知 道 不 知 道?

《知道不知道》演唱提示：歌曲由 4 个四小节的乐句按照起承转合的关系构成。演唱时注意歌曲的风格，要唱出民歌的韵味。演唱民歌时不要刻意追求声音的尖、亮而挤压喉头和上提气息，要在歌曲的强弱处理方面和咬字吐字方面以及装饰音处理方面下功夫，就能唱出民歌的韵味。根据歌曲的旋律特点和演唱速度，可以在两小节左右的地方安排气口，吸气时要感觉气息是直接向下吸入，下沉到以丹田为中心的范围内。歌曲中的装饰音要和咬字吐字相结合，要唱得自然亲切。

山谷回音真好听

汪爱丽 词曲

1=C 4/4

5 5 5 5 5 1̇ 51 | 3 4 5 - | 5 5 5 5 5 1̇ 51 | 3 2 2 - |

美丽 山谷 真稀奇， 真 稀 奇， 唱歌 讲话 有回音， 有 回 音。

f 1 2 3 4 5 - | *p* 1 2 3 4 5 - | *f* 1̇ 6 1̇ 6 5 - | *p* 1̇ 6 1̇ 6 5 - |

啦啦 啦啦 啦， 啦啦 啦啦 啦， 啦啦 啦啦 啦， 啦啦 啦啦 啦，

5 5 5 5 5 1̇ 51 | 3 0 2 0 1 - ‖

山谷 回音 真好听， 真 好 听！

采槟榔

湖南民歌

1=A 2/4

6̣ 5̣·3̣ | 5̣· 6̣ | 1·2 3 5 | ³⁵3 - | 1·2 3 6̣ | 5̣ 3̣ 6̣ | 1·2 5̣·3 |

高 高的 树 上 结槟 榔， 谁先 爬 上 谁 先

2 3̇2 1 | (3 5 | 3 5 3 3 | 6̣ 1 3 5̣ | 6̣ -) | 5̣ 5̣ 3̣ 6̣ | 1·2 3 5 |

尝， 谁先 爬上 我 替

3̣ 6̣ | 1 2 3 | 2 ³²1 | (5̣ 3̣ 5̣ 6̣ | 1·2 3 5 | 3̣ 6̣ 1 2 3 | 2 1 | 3· 5 |

谁 先 装。

3 1 | 6̣· 3̣ | 5̣ - | 3· 6̣ | 5̣· 3̣ | 6̣·1 2 3 | 1 -) ‖

$$\underset{少年}{\underline{\overset{\frown}{\overset{\cdot}{6}\ \overset{\cdot}{6}}\ \overset{\cdot}{3}}}\ \bigg|\ \underset{郎}{\overset{\frown}{\overset{\cdot}{5}\cdot\ \overset{\cdot}{6}}}\ \bigg|\ \underset{采}{1}\ \underset{槟\ 榔,}{\overset{\frown}{2\ 3}}\ \underset{}{6}\ -\ \bigg|\ \underset{小\ 妹妹}{1\ \overset{\frown}{2\ 3}}\ \underset{提}{6}\ \bigg|\ \underset{篮}{\overset{\frown}{\overset{\cdot}{3}\ \overset{\cdot}{5}}}\ \underset{抬}{\overset{\frown}{1\ 3}}\ \underset{头}{6}\ \bigg|$$

$$\underset{望,}{5}\ -\ \bigg|\ \underset{}{(\underline{1\ 3\ \overset{\cdot}{3}\ \overset{\cdot}{6}}}\ \underset{}{5}\ -\ )\ \bigg|\ \underset{低\ 头}{\overset{\frown}{3\cdot\ \overset{\cdot}{5}}\ \underline{2\ 3}}\ \bigg|\ \underset{又\ 想}{5\cdot\ \ \ 6}\ \bigg|\ \underset{呀,\ 他又}{\overline{\underline{1\ 2}\ \underline{1\ 6}}\ \overset{\cdot}{5}}\ \bigg|\ \underset{美,\ 他又}{\overline{\underline{1\ 2}\ \underline{1\ 6}}\ \overset{\cdot}{5}}\ \bigg|$$

$$\underset{谁\ 能}{\underline{3\ 5}\ \underline{2\ 3}}\ \bigg|\ \underset{比\ 他}{\overset{\frown}{5\cdot\ \ \ 6}}\ \bigg|\ \underset{强。}{2\ 2\ \ \ 2}\ \bigg|\ \underset{赶\ 忙}{3\ 5\cdot}\ \bigg|\ \underset{来\ 叫}{\overset{\frown}{3\ 5}}\ \underset{声}{7}\ \underset{我}{6}\ \bigg|\ \underset{的}{\overset{\frown}{5\ \overset{\cdot}{3}}}\ \underset{郎\ 呀,\ 青\ 山}{\overset{\frown}{3\cdot\ \underline{5}}\ \overset{\frown}{3\cdot\ \overset{\cdot}{6}}}\ \bigg|$$

$$\underset{高\ 呀,}{\overset{\frown}{5\ \overset{\cdot}{5}}\ \overset{\cdot}{3}}\ \bigg|\ \underset{流\ 水}{\overset{\frown}{\overset{\cdot}{6}\cdot\ \overset{\cdot}{1}}\ \overline{2\ 3}}\ \bigg|\ \underset{长,}{1\cdot}\ \ \ \underset{那}{2}\ \bigg|\ \underset{太\ 阳}{3\ 5}\ \underset{已}{6}\ \underset{残,}{1\cdot}\ \bigg|\ \underset{那}{6}\ \underset{归\ 鸟}{\overline{5\ 5}\ \overline{3\ 5}}\ \underset{儿\ 在}{6}\ \bigg|\ \underset{唱,}{1\cdot}\ \ \ \underset{叫}{2}\ \bigg|$$

$$\underset{我\ 俩}{3\ 5\cdot}\ \bigg|\ \underset{赶\ 快}{\overset{\frown}{5\cdot\ 3}}\ \bigg|\ \underset{回\ 家\ 乡。}{\overline{\overset{\cdot}{6}\cdot\ \overset{\cdot}{1}}\ \overline{2\ 3}}\ \underset{}{1}\ -\ \bigg|\ 1\ -\ \bigg|\ 1\ -\ \bigg|\ 1\ -\ \bigg|\ 1\ \ \ 0\ \bigg\|$$

《采槟榔》演唱提示： 歌曲可以分成两部分，从"高高的树上结槟榔"到"谁先爬上我替谁先装"为第一部分，从"少年郎采槟榔"到"叫我俩赶快回家乡"为第二部分。歌曲节奏欢快活泼，旋律优美流畅，情绪热烈开朗，描述青年男女在采槟榔的劳动过程中而产生的爱恋之情。歌曲从低音区开始，演唱时注意把握歌唱的共鸣位置，最好是将第一乐句四小节完整唱过后，再仔细体会气息、共鸣等歌唱状态有哪些问题，再调整歌唱状态直到满意为止。第一乐句的歌唱感觉和状态的好坏直接影响整首歌曲的演唱。

蜻 蜓

刘钦平 曲
佚 名 词

1=F 4/4

1 5. 5 1 2 3 | 5. 3 1 3 5 - | 3. 4 5 3. 2 1 |

绿　色的小蜻蜓，　轻轻向前飞，　飞得高，飞得低，

2. 3 2 1 6 - | 1 5. 1 2 3 | 5 3 1 3 2 - |

好像小飞机。　蜻蜓真聪明，　还会看天气，

3. 4 5 6. 5 6 | 5. 3 2 3 4 3 2 | 1 - 0 0 ‖

飞得高，好天气，　飞得低，要下雨。

珊瑚颂

王锡仁 胡士平 曲
赵 忠 钟艺兵 林荫梧 单 文 词

1=F 2/4

一树 红花 照碧 海， 一团 火焰
一盏 红灯 照碧 海， 一团 火焰

出 水 来。 珊瑚 树红 春 常 在，
出 水 来。 红灯 高照 云 天 外，

风波 浪 里 把 花 开。 哎！
火焰 熊 熊 把 路 开。 哎！

云来 遮， 雾 来 盖， 云里 雾里
云来 遮， 雾 来 盖， 云里 雾里

放 光 彩。 风吹 来， 浪 打 来，
放 光 彩。 风吹 来， 浪 打 来，

风吹 浪打 花 常 开。 哎！
迎接 救星 上 岛 来。 哎！

《珊瑚颂》演唱提示： 歌曲为单二部曲式。歌曲的第一句在闭口音上起唱，注意不要挤压喉头，口腔要感觉是打开的，不要太用力咬字。唱"一"字时既要强调头腔共鸣又要感觉有胸腔共鸣的支持，胸部和脖子要放松，不能有憋、挤的感觉，同时气息的支持点要深沉而有力，后面的"碧"、"一"、"里"在演唱时是同一个道理。如果闭口音的字唱得不够顺畅，可以想办法用其他母音的字来唱、来感觉，逐渐带出闭口音的字。歌曲高低音区变换较多，要格外注意气息的控制和歌唱位置的统一。

秋天多么美

卫燕玲 曲
曾泉星 词

1=F 2/4

```
3·  4  5  | 3·  4  5  | 3    1  | 5·   -   |
秋     风    秋     风    轻    轻    吹，
秋     风    秋     风    轻    轻    吹，

3·  4  5  | 3·  4  5  | 3  3  2  1 | 2    -   |
棉     桃    姐     姐    咧 呀 咧 开   嘴，
稻     花    姐     姐    把 呀 把 手   挥，

7·  1  2  | 7·  1  2  | 6  7  1  2 | 3·       4 |
你  看 它    露     出    小 呀 小 白   牙，
你  看 它    梳     着    金 呀 金 头   发，

5·  4  3  | 4·  3  2  | 7  5  6  7 | 1    -   |
张     张    脸     蛋    笑  微     微。
结     出    串     串    金  穗     穗。

5·      3 3 | 5  3  5  3 | 4·   | 2 2 | 4  2  4  2 |
来         来来 来 来 来 来  来      来来  来 来 来 来，
来         来来 来 来 来 来  来      来来  来 来 来 来，

7  5  1  3 | 5    -   | 6  5  4  6 | 5    -   |
秋 天 多 么   美，        秋 天 多 么   美，
秋 天 多 么   美，        秋 天 多 么   美，

6  6 6  4  6 | 5  4  3 | 2  6  7  5 | 1    -   |
来 来 来 来 来 来 来，      多 呀 多 么   美。
来 来 来 来 来 来 来，      多 呀 多 么   美。
```

难忘今宵

王　酩　曲
乔　羽　词

1=♭E　4/4

(i̲ 5 6̲7̲6 5　-　| 4̲ 6̲ 5̲6̲5̲ 1　-　| 1̲ 4̲ 3̲4̲3̲2̲ 6̣　-　| 7̲1̲2̲4̲ 3̲2̲1̲ 1　-)

‖: 2̲ 3̲2̲1　2̲ 3̲2̲5̣　| 5̲ 5̲ 5̲2̲4̲3 2　-　| 7̣̲.1̲ 2̲3̲ 1　7̣̲.1̲ 2̲3̲ 5̣　| 5̲ 4̲ 3̲4̲3̲2̲ 1　-　|

难　忘　今　宵，　难　忘　今　宵，　不　论　天　涯　与　海　角，
告　别　今　宵，　告　别　今　宵，　不　论　新　友　与　故　交，

5̲ 6̲5̲4̲ 1　3̲4̲5̲6̲ 5　| 2̲ 6̲ 5̲6̲4̲6 5　-　| 3̲4̲3̲2̲ 5̣　3̲4̲3̲2̲ 1　| 5̲ 4̲ 3̲4̲3̲2̲ 1　-　|

神　州　万　里　同　怀　抱，　共　祝　愿，　祖　国　好，　祖　国　好。
明　年　春　来　再　相　邀，　青　山　在，　人　未　老，　人　未　老，

6̲5̲4̲1̲ 4̲6̲5̲ 5　-　| 6̲5̲4̲1̲ 4̲6̲5̲ 5　-　| 3̲2̲1̲5̣̲ 1̲3̲2̲ 2　-　| [1.] 3̲2̲1̲5̣̲ 1̲3̲5̲ 5̣　- :‖

共　祝　愿，　祖　国　好，　共　祝　愿，　祖　国　好。
青　山　在，　人　未　老，　青　山　在，

[2.] 3̲2̲1̲5̣̲ 1̲3̲1̲ 1　-　‖

人　未　老。

　　《难忘今宵》演唱提示：由6个乐句构成的单一部曲式。歌曲旋律优美清新，感情深沉真挚，歌颂友谊，祝福祖国未来更加美好。歌曲从中音区开始，要唱得轻松自然而甜美，注意吐字归韵清晰准确。第五乐句在歌曲的高音区上进行，演唱时注意打开歌唱腔体，让声音得到充分共鸣，气息饱满支持有力，同时要注意控制音量，不要唱得太开而失去甜美。歌曲大多采用一字多音的写法，要唱得委婉抒情，不能生硬。要注意把握歌曲的速度，不能忽快忽慢。歌曲的气口安排一般是两小节吸气一次，也可以一小节吸气一次。

小伞儿带着我飞翔

高　田 曲
白　桦 词

1= C 2/4

| 2 | 6̣ | 2. | 3 | 1 1̂2 32 | 1 | 6̣ | 2 | 3̂6 | 5 53 2 3̂2 |

我　是　一　颗　蒲公　英的　种　子，谁　也　不　知道我　的

| 1 6̣ | 3 2 | 3 - | 2. | 6̣ | 1̂3 2 | 1 1̂2 32 | 1 | 2 |

快乐　和悲　伤。　　爸　　爸妈　妈　给我　一把　小　伞，

| 3 | 3 6 | 5 5 | 3 | 2 3 2 1. 6̣ | 1 2 | 3 | 2. 3 5 | 5 - |

让　我　在广　阔　的　天地间飘　　荡，　飘　荡。

| 1 | 1 6̣ | 1 2 | 3 | 5. 5 35 | 2. 6̣ | 1 3 2 | 1 | 1 6̣ |

小　伞儿　带着　我　飞　翔,飞翔，飞　　　　翔，　小　伞儿

| 1 2 | 3 | 5. 5 35 | 6 - | 6̇. 5 | 3 5 | 2 3 5. |

带着　我　飞　翔,飞翔，飞　　　　　　翔。

| 5 - | 5 0 0 ‖

丢丢铜

$1=\flat B$　$\frac{2}{4}$

台湾民歌

$\dot{2}$	$\dot{3}$	$\dot{2}$ 3 $\dot{2}$ $\dot{1}$	$\dot{2}$ $\dot{3}$ $\dot{3}$ $\dot{2}$ $\dot{1}$	$\dot{2}$ 0 $\dot{1}$ 6

火　车　　行到（衣嘟　阿莫呀衣达　丢　哎唷）

5 5 6 $\dot{1}$	5 $-$	6 $\dot{2}$	6 $\dot{1}$ $\dot{1}$ 6

磅（啊）孔内，　　磅孔　的水（衣嘟）

$\dot{2}.$ $\dot{1}$ $\dot{2}.$ $\dot{1}$	6 $\dot{1}$ $\dot{1}$ 6	5 5 5 5 5	6 $\dot{1}$ 6 5

丢　丢　　铜仔（衣嘟　阿莫呀衣嘟　丢仔衣嘟）

$2.$	6	5 $-$ ‖

滴　　落来。

《丢丢铜》演唱提示：这首歌也叫"丢丢铜仔"，原是一首童谣，流传于台北宜兰一带。曲调健康明朗，轻松愉快，不仅宜兰人喜欢它，在台湾全省也广为流传。这首民歌也是台湾歌仔戏和闽南芗剧中常用的曲调，称为"客人调"，多是丑角演唱。磅孔：就是隧道。歌曲从高音区开始，注意气息积极支持，口腔打开、找到歌唱的高位置，要唱得活泼明亮。注意气口安排，第一乐句在第三小节"丢"字后的休止符和第六小节"内"字后吸气，第二乐句在第四小节结束处吸气。

这是什么

朱德诚 曲
儿 音 词

1=F 2/4

```
5  1   3  1  | 5  1   3  1  | 5  0   5  0  | 5  -  |
嘀 嗒  嘀 嗒   嘀 嗒  嘀 嗒    当     当     当,
```

```
5  1   3  1  | 5  1   3  1  | 2  0   2  0  | 5  -  |
嘀 嗒  嘀 嗒   嘀 嗒  嘀 嗒    当     当     当,
```

```
3  3   1  3  | 5  -  | 3  3   1  3  | 5  -  |
会 走  没 有   腿,     会 说  没 有   嘴,
```

```
5.  5  6  5  | 3  2   3  | 1.  1  6  5  | 3     5  |
它  会 告 诉   我  们     什  么 时 候   起,
```

```
5.  3  2  5  | 1  -  ‖
什  么 时 候   睡。
```

渔家姑娘在海边

王　酩 曲
黎汝清 词

1=♭B 2/4

（谱例）

大　海　边哎，　　　　　沙　滩　上哎，
高　山　下哎，　　　　　悬　崖　旁哎，

风吹　榕树　沙　沙　响，
风卷　大海　起　波　浪，

渔　家　姑　娘　在　海　边哎，织呀
渔　家　姑　娘　在　海　边哎，练呀

织渔网，　织呀么织渔　网。　　哎，
练刀枪，　练呀么练刀　枪。　　哎，

渔　家姑娘　在　海　边，织呀么织渔　网。
渔　家姑娘　在　海　边，练呀么练刀　枪。

结束句

哎！

《渔家姑娘在海边》演唱提示：单一部曲式。歌曲旋律婉转优美，节奏流畅。巧用装饰音是歌曲写作的一个特点，我们不得不慨叹，在当时的政治背景下，曲作者能创作出如此美妙的歌曲实在是太难了。歌曲起唱的音区非常有利于找到歌唱的共鸣位置，而且还是"发花辙"的开口音，是我们平时练声经常唱到的母音，只要口腔打开、气息积极支持，唱好"大"这个字会很容易。注意歌曲中的装饰音要唱得亲切自然，让它有助于咬字吐字。"哎"字上的衬句要唱得宽一些，不要唱扁了，要唱得圆润、优美、流畅。

清脆的牧笛

芬兰民歌

1=C 4/4

```
5  |  5  i  3  6  |  5.  3  1  3  |  2  7  2  5  |
当    东  方  升  起    太    阳， 我    就  把  牧  笛

3.  2 1  3 3  |  2   2  3  #4  |  5.  6 7  5 5  |  i  6  2  6 7  |
吹    响，笛声 传   遍  四  面  八    方，  多么 清脆    嘹  亮  啰啰

5  -  -  0  |  i  -  5  -  |  6  5 4 5  -  |  5  -  3  -  |
亮。                嘟      嘟      嘟 嘟的 嘟，    嘟      嘟

2  3 2 1  -  |  i  -  5  -  |  6  5 4 5  -  |  5  -  3  -  |  2  3 2 1  |
嘟  嘟的嘟，    嘟      嘟      嘟 嘟的 嘟，    嘟      嘟      嘟  嘟的嘟。
```

小河淌水

云南民歌

1=♭E 4/4 3/4

```
6 - - - | 6 i 2 3  3 2 | i 6 | 3 2. | 2 i 6. | 3/4 6 i  6 5  3 2 |
哎!           月亮 出来 亮汪  汪, 亮汪   汪,       想起 我的 阿
哎!           月亮 出来 照半  坡, 照半   坡,       望见 月亮 想

5 6. | 6 5  3 2 | 6 - - - | 6 2  2 6  3 2 | i 6 | 3 2. | 2 i 6. |
哥    在 深   山,       哥像 月亮 天上  走, 天上   走,
起    我 的   哥,       一阵 清风 吹上  坡, 吹上   坡,

                              rit
2 - - 6 | 3 2  i 6 3 2 | i 6 | 3/4 6 i  6 5  3 2 | 5 6. | 6 5  3 2 |
哥    啊! 哥啊!  哥啊!     山下 小河 淌   水   清  悠
哥    啊! 哥啊!  哥啊!     你可 听见 阿   妹   叫  阿

                          结束句
6 - - - - : ‖ 0  3  3 2  2 | 6 - - - ‖
悠。              哎  阿 哥。
哥?
```

《小河淌水》**演唱提示**：由 5 个乐句加 1 个尾声乐句构成的单一部曲式。歌曲结构简洁，使用重复和变化重复的方法发展而成。词曲清新委婉、情真意切。歌曲演唱的速度较慢，要格外注意气息的控制，吸气要饱满下沉，演唱时腰围和腹部要保持吸气时的感觉和状态，直到下一次吸气之前。要恰当地安排好吸气的地方（就是气口）。演唱时不要只追求音量，应该更注重歌曲的优美抒情性，注意咬字吐字清晰，唱得不要过开放，只有"哥啊"两小节是歌曲的情感升华，仿佛是一声声深情的呼唤，此处可处理成强的力度，也更应该注意使声音集中。

我的小玩具你在哪里

1=F 3/4

英美儿歌

| 3 | 5 - 3 | 1 7 1 | 2 2 7 |

哦，　　我　　的　　小　玩　具　你　在　哪

| 5̣ - 5 | 6 - 5 | 4 3 2 | 5 - - |

里？　　哦，你　　　在　　哪　里　　呀？

| 5̣ - 3 | 5 - 3 | 1 7 1 | 2 2 7 |

　　　哦，我　　的　　小　玩　具　你　在　哪

| 5̣ - 5 | 6 - 5 | 4 3 2 | 1 - - | 1 - |

里？　哦，请你　告　诉　我　吧。

曲蔓地

新疆民歌
西　彤　词

1=♭B 4/4

（曲谱）

玫瑰　花　　花丛　里，　　有一　枝　　曲蔓
微风　啊　　轻轻　吹，　　歌声　啊　　快飞

地，　　曲蔓地花开甜又香，芬芳　又　美丽。　啊！
去，　　请你带着我的心，飞到那花园里。　啊！

芬芳　又　美丽。　曲蔓地花开甜又香，
飞到那花园里。　请你带着我的心，

芬芳　又　美丽。　美　丽的，　我心　爱的！　我的言语不能够
飞到那花园里。　快　来吧，　我心　爱的！　我们劳动又歌唱

表达　我心意。　永远在一起。　啊
飞到那花园里。　　　　　　　　　啊

我们劳动　又歌唱，　永远在一起。

《曲蔓地》演唱提示：这首歌曲乐句之间的旋律和节奏对比非常明显，有的乐句旋律悠扬抒情节奏舒缓，有的乐句旋律进行以级进为主，节奏紧凑欢快。演唱时一定要注意不同乐句不同情绪的变化，用气息控制好声音的强弱快慢。虽然乐句之间有旋律和节奏的对比，但整首歌曲的速度是统一的，演唱时不要忽快忽慢。歌曲开始是小七度上行跳进，注意音高要准确，同时要控制好气息和声音，要唱得自然柔和，不能突然改变音量和音色。

蚂蚁搬家

茅 地 曲
李如会 词

1=G 2/4

5̲ 3̲ 3̲ 1̲ | 2 — | 2̲ 1̲ 6̲ 2̲ | 1 — |
天 要 下 雨 啦， 蚂 蚁 要 搬 家。

5̲ 3̲ 5̣ | 6̲ 5̲ 6̣ | 1̲ 6̣ 1 | 2̲ 1̲ 2 |
拖 的 拖， 拉 的 拉， 我 帮 你， 你 帮 他，

3̲ 3̲ 2̲ 3̲ | 5 — | 6̲ 5̲ 3̲ 2̲ | 1 — |
不 等 风 雨 来， 家 就 搬 好 啦。

5̲ 6̣ 1̲ 3 | 2̲ 1̲ 6̲ 5̲ | 1. 2̇ | 1 — |
团 结 起 来 力 量 大，

6̣ 1̲ 2̲ 3 | 5̲ 3̲ 2̲ 3̲ | 5. 6̇ | 5 — ‖
团 结 起 来 力 量 大。

我的祖国妈妈

施光南 曲
梁上泉 词

1=♭G 2/4

(0̲ 3̲ 3̇.̲ 3̲̇ ‖: 2̇ 0̲ 3̲ | 2̇.̲ 2̲ 1̇ | 0̲ 6̣ 7̣ 1̲ 7̣̲ 5̣ 6̣ | 3 — | 0̲ 6̣̲ 6̣ 6̣ | 5 0̲ 5̲ |

5̇.̲ 5̲ 3 | 0̲ 6̣̲ 7̣ 1̲ | 2. 6̣ | 5 — | 5 —) | 0̲ 5̣̲ 6̣ 1̲ | 5. 6̇ | 6̇ 1̲2̲ 3 |
我 走 遍 海 角 天 涯，
我 走 遍 海 角 天 涯，

《我的祖国妈妈》演唱提示：歌曲表达海外儿女虽身居异国他乡却深深地怀念着自己的家乡和祖国的赤子之情。歌曲深情细腻震撼人心。歌曲可以分为两个部分，从"我走遍海角天涯"到"捎给你深情的话"为第一部分，是复乐段的结构形式。从"你听见吗"到"我亲爱的祖国妈妈"为第二部分，第二段歌词后面有一个结束句。歌曲的第一部分是深情地诉说，演唱时力求平稳从容，控制好气息和音量。第二部分几个"你听见吗"是向上的模进进行，随着音高的不断上升使感情得到升华，情绪更加激动达到歌曲的高潮，演唱时注意控制歌唱的力度，使声音力度逐渐加强，注意音量加强的同时声音要集中。

我们都是好朋友

任秀岭 曲
张士楷 词

1=D 4/4

5 5 3 6 5 3 | 1. 6 5 - | 6 6 5 6 1 2 | 5. 1 2 - |
留 一片绿草给小兔， 留 一片蓝天给小鸟，

3 3 5 6 6. | 5. 2 3 - | 5 5 5 6 5 6 5 3 | 5 6 5 6 1 - |
留 一片清泉给小鱼， 留 一片森林给大熊猫。

2. #1 2 2 3 | 5 5 6 5 - | 3 3 2 3 5 6 5 6 | 1 - - 0 ‖
我 们都是好朋友， 世界变得更美妙。

绒 花

王 酩 曲
刘国富 田 农 词

1=G 2/4

(4 5 6 | ‖: 5 - | 5 4 5 4 | 5 - | 5 4 5 6 | 1 - | 1 7 1 2 |

1 - | 1 -) | 1 1 2 3 | 5 5. | 6 6 5 | 4 5 6 5 4 2 | 1 - |
世上 有朵 美丽的 花，
世上 有朵 英雄的 花，

7 1 2 3 | 2 1 1. | 7. 1 2 1 | 5 - | 1 1 2 3 | 5 5. | 6 6 5 |
那是 青春 吐芳 华。 铮铮 硬骨 绽花
那是 青春 放光 华。 花载 亲人 上高

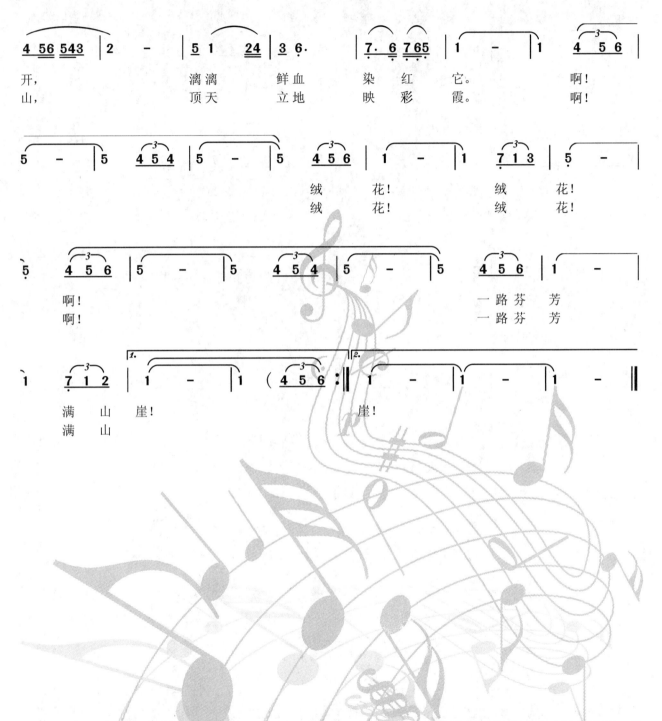

$$\overline{4\ \underline{56}\ \underline{543}}\ |\ 2\ -\ |\ \underline{5\ 1}\ \underline{24}\ |\ 3\ \dot{6}\cdot\ |\ \underline{\dot{7}\cdot\ \dot{6}}\ \underline{\dot{7}\ 6\ 5}\ |\ 1\ -\ |\ 1\ \underline{4\ 5\ 6}\ |$$

开，　　漓漓　鲜血　染红　它。　　　　啊！

山，　　顶天　立地　映彩　霞。　　　　啊！

$$5\ -\ |\ 5\ \underline{4\ 5\ 4}\ |\ 5\ -\ |\ 5\ \underline{4\ 5\ 6}\ |\ 1\ -\ |\ 1\ \underline{7\ 1\ 3}\ |\ 5\ -\ |$$

　　　　绒　花！　　　　绒　花！

　　　　绒　花！　　　　绒　花！

$$\dot{5}\ -\ |\ 5\ \underline{4\ 5\ 6}\ |\ 5\ -\ |\ 5\ \underline{4\ 5\ 4}\ |\ 5\ -\ |\ 5\ \underline{4\ 5\ 6}\ |\ 1\ -\ |$$

啊！　　　　　　　　　　一路芬　芳

啊！　　　　　　　　　　一路芬　芳

$$1\ \underline{7\ 1\ 2}\ |\ \overset{1.}{1}\ -\ |\ 1\ (\underline{4\ 5\ 6}\ :\|\ \overset{2.}{1}\ -\ |\ 1\ -\ |\ 1\ -\ \|$$

满　山崖！　　　　　　崖！

满　山

《绒花》演唱提示：绒花，绒花树开的花。绒花树又名合欢树，有很多美丽的关于合欢树的传说。综合歌曲的节奏、旋律、情绪等方面因素分析，该歌曲应该是没有再现的单二部曲式，也有人认为该曲是多乐句构成的单一部曲式，我们还是把它作为单二部曲式进行分析。第一部分情绪平稳亲切，有诉说的感觉，演唱时要注意控制气息和音量，注意第一乐句的第四小节和第三乐句的第四小节在旋律上的差异，把音高唱准。第二部分着重营造抒情的情绪和气氛，音量有所增强，演唱时注意气息要饱满，声音要有高位置共鸣。

小动物怎样过冬

杨春华 词曲

1=F 2/4

| 1 | 3 | 5 - | 5 3 5 3 | 1 - |

冬　季　里，　　刮呀刮北　风，
小　羊　　　　毛儿长得　长，

| 7 7 7 1 | 2 - | 2 7 2 7 | 5 - |

冰天雪　地，　　天呀天气　冷，
小　兔　　　　毛儿毛茸　茸，

| 6· 1 | 6 1 | 4 6 | 5 3 |

我　　们穿　上　厚　棉　衣，
燕　　子飞　到　南　方　去，

| 5 6 3 | 1 2 3 4 | 5 - | 5 6 3 |

小动物　怎样过　冬？　　小动物
小青蛙　睡在泥土　中，　　小青蛙

| 1 2 2 5 | 1 - ‖

怎样过　冬？
睡在泥土　中。

愿你有颗水晶心

王　酩 朱钟堂 曲
凯　传 词

1=D 2/4

‖: (1 2 | 3 7 3 6 - | 6 7 1 2 6 2 | 5 - | 5 4 5 6 4 | 3 2 6 7 2 |

5 - | 5) 1 2 | 3 5 7 | 6 5 3 | 5 - 5 | 3 7 | 6 7 | 5 6. | 3 |

我曾　悄悄　地　告诉　母亲，　　梦里　也在　把　她　找
不用　表露　你的　深情，　　不要　夸耀　你的　忠

2 - 2 | 4 5 | 6 4. | 4 | 1 2 | 4 3. | 3 | 6 1 | 5 6 | 3 2. | 1 2 |

寻。　　我的　生命，　　我的　青春，　　属于　一颗　水　晶
贞。　　若想　得到，　　爱的　温存，　　愿你　有颗　水　晶

3 5. | 5 | 1 2 | 3 7 | 3 6 - 6 | 7 1 | 2 6 | 2 5 - 5 | 4 5 |

心。　　啦啦　啦啦　啦　啦　　　啦啦　啦啦　啦　啦，　　我的
心。　　啦啦　啦啦　啦　啦　　　啦啦　啦啦　啦　啦，　　若想

6 4. | 4 | 1 2 | 4 3. | 3 | 6 1 | 5 6 | 3 2. | 1 2 | 1 - 1 | 0 : ‖

生命，　　我的　青春，　　属于　一颗　水　晶　心。
得到，　　爱的　温存，　　愿你　有颗　水　晶

[2.]

1 - 1 | 1 2 | 3 7 | 3 6 - 6 | 7 1 | 2 6 | 2 5 - 5 | 4 5 |

心。　　啦啦　啦啦　啦　啦　　　啦啦　啦啦　啦　啦，　　若想

6 4. | 4 | 1 2 | 4 3. | 3 | 6 1 | 5 6 | 3 2. | 1 2 | 1 - 1 | 0 ‖

得到，　　爱的　温存，　　愿你　有颗　水　晶　心。

《愿你有颗水晶心》演唱提示：歌曲为带再现的单二部曲式，也可以勉强把它归入多乐句的单一部曲式，总的来说还是单二部曲式的风格特点突出一些。歌曲演唱的重点：首先是如何把第一乐句唱得从容自然流畅，如何控制好气息和音量；其次是如何衔接好第一乐句与第二乐句，如何唱好第二乐句的"梦里"二字，使这两个字既响亮集中，又不突然；第三是怎样把第三、第四乐句唱得深情而不呆板平淡。歌曲演唱的难点是如何使歌唱的情绪和歌唱的声音保持统一，如何使歌曲的表达能够完整而不支离破碎。

我和我的小马

英美儿歌

1=D 4/4

```
3 3 3.4 5  3 | 5.5 6  5.5 6 | 3 3 3.4 5  3 | 5.5 6  5.5 6 |
我 和 我 的 小 马，   踢 踢 踏， 踢 踢 踏，  我 和 我 的 小 马，   踢 踢 踏 踢 踢 踏，

2 2 2.3 4  2 | 2 2 2.3 2.1 6 | 2 2 2.3 2.1 6.6 | 1 - - - ‖
我 和 我 的 小 马，  一 起 踢 踢 踢 踢 踏，  在 草 原 上 踢 踢 踢 踢 踏。
```

青春啊青春

王　酩 曲
凯　传 词

1=♭G 2/4

```
5 - | 3. 2 | 1 1 - | 3 - | 7. 6 | 6 5 | 5 - | 05 1 2 | 3 1 |
青     春 啊 青 春，     美     丽 的 时 光，     比 那 彩
青     春 啊 青 春，     壮     丽 的 时 光，     比 那 宝

7 6 | 07 6 7 | 6 3 | 5 2 | 06 1 3 | 2 3 | 6 - | 03 2 1 | 7 6 | 5 - |
霞   还 要 鲜 艳，   比 那 玫 瑰   更 加 芬 芳。
石   还 要 灿 烂，   比 那 珍 珠   更 加 辉 煌。

5 - | 1 - | 7. 2 | 6 5 | 7 6. | 6 - | 7 - | 6. 7 | 6 3 | 6 5. ‖
若   问 青 春     为   何 壮 丽？
若   问 青 春     在   什 么 地 方？
```

5 － ｜5 4 5 4 ｜4 － ｜3 1 3 2 ｜2 － ｜0 3 2 1 ｜3 2 ｜0 3 2 1 ｜3 6 ｜0 7 6 5 ｜

为何壮　丽？　　为何壮　丽？　　　它带着　爱　情，　也带着　幸　福，　更带着
什么地　方？　　什么地　方？　　　它充满　深　情，　也充满　智　慧，　更充满

7 6 6 6 ｜5. 4 5 4 ｜4 3 ｜2. 1 3 2 ｜2 3 1 ｜7 6 5 1 ｜1 － ｜

力量，　　在你的心上，　　在你的心上，　你的心上！
理　想，　为"四化"发光，　为"四化"发光，"四化"发光！

1 1 1 ｜7 7 5 ｜7 6 ｜6 － ｜7 7 7 ｜6 6 3 ｜6 5 ｜5 － ｜6 5 5 ｜6 5 4 ｜

啦啦啦　啦啦啦　啦啦　啦，　　啦啦啦　啦啦啦　啦啦　啦，　　啦啦啦　啦啦啦

5 4 ｜4 － ｜5 4 4 ｜3 2 1 ｜2 1 ｜1 ‖: 1 － ｜7 － ｜1 － ｜5 － ｜

啦啦　啦，　　啦啦啦　啦啦啦　啦啦　啦！　　啊！

1 － ｜7 － ｜2 － ｜1 － ｜1 － ｜1 － ｜1 － ｜1 0 ‖

啊！　　　　　　　啊！

　　《青春啊青春》演唱提示：歌曲表达青春的壮美和要把壮美的青春奉献给国家建设事业的思想。从
"青春啊青春"到"比那玫瑰更加芬芳"为第一部分，演唱时注意气息的支持和气口的安排，唱准后半拍
弱起的节奏，并且要唱出活泼跳跃的感觉。从"若问青春为何壮丽"到"你的心上"为第二部分，演唱
时注意要把提问、思索和回答问题的不同内容用歌声恰当地表现出来。第三部分是"啦"字上的几个衬
句，是第二部分的发展和变化，演唱时要突出欢快活泼的情绪，气息支持要积极。整首歌曲演唱的音色
应该是明亮甜美的，但明亮的音色不是向前推声音，也不是向上挤、吊声音，而应该是自然顺畅的。

我们大家跳起来

〔德〕巴 赫 曲
吴国钧 配词

1=C 3/4

```
5    1 2 3 4 | 5  1   1 | 6  4 5 6 7 | i̅  1   1 |
嘿，  我们大家 唱 起 来，  嘿，  我们大家 跳 起 来。

4    5 4 3 2 | 3  4 3 2 1 | 7̣  1 2 3 1 | 2  -  - |
优   美的音 乐  伴着我们 跳，  跳得真愉 快！

5    1 2 3 4 | 5  1   1 | 6  4 5 6 7 | i̅  1   1 |
嘿，  我们大家 唱 起 来，  嘿，  我们大家 跳 起 来，

4    5 4 3 2 | 3  4 3 2 1 | 2  3 2 1 7̣ | 1̇  -  - ‖
优   美的音 乐  伴着我们 跳，  跳得真愉 快！
```

橄榄树

李泰祥 曲
三 毛 词

1=C 2/4

```
(3 1 2 3 | 3 1 2 3 #4 3 | 2 7̣ 1 2 | 2 7̣ 1 2 1 7 | 1̣ 6̣  1 | 7̣ 5̣  7̣ | 6̣  - |
```

```
6̣) 0 6 6 ‖: 3 5 #4 3 2 | 3  -  3 | 0 6 6  3 5 #4 3 2 | 1  -  1 | 0 6  5 6 3 1 2 | 3  - |
      不要 问我从哪里 来，      我的 故乡在远 方，      为 什么流   浪？
      天空 飞翔的 小鸟，      为了 山间轻流的 小溪，    为 了 宽阔的 草原，
```

$0\ \underline{2}\ \underline{2}\ 2\ |\ 1\ -\ |\ 1\ -\ |\ 0\ \underline{7\ 2\ 1}\ |\ \dot6\ -\ |\ \dot6\ \ 0\underline{6\ 6}\ :||\quad \dot6\ -\ |\ \dot6\ -\ |\ 0\ 7\ \underline{6.7}\ |$

流浪远方，　　　流　浪！　　浪！　　还有还
流浪远方，　　　流　　为了

$3\ -\ |\ 0\ 7\ 6\ |\ 3\ \underline{5\ 5}\ {}^\#\underline{4\ 3\ 2}\ |\ 3\ \ \underline{2\ 1}\ |\ 2\ -\ |\ 0\ 3\ \ 5\ |\ 6\ 3\ {}^\#\underline{4\ 3\ 2}\ |\ 3\ -\ |\ 0\ 1\ \ 2\ |$

有，　为　了　梦中的橄榄　树，橄榄　树。　不　要　问我　从哪里　来，　我　的

$3\ 5\ \ 3\ |\ 7.\ \underline{1\ 7}\ |\ 6\ -\ |\ 6\ -\ |\ 0\ \ 0\ 5\ |\ 5.\ \underline{5\ 6}\ |\ 3\ -\ |\ 0\underline{5\ 5.5}\ |\ 3\ 6\ |$

故乡　在　远　　方。　　　为　什么流　浪？　为什么流　浪

$7.\ \underline{1\ 7}\ |\ 6\ -\ |\ 6\ -\ |\ 5\ 3\ |\ 0\ 6\ |\ 7\ 6\ |\ 3\ 2\ |\ 1\ -\ |\ 1\ -\ |$

远　方？　　　为　了　我　梦　中　的

$0\ \underline{7\ 2\ 1}\ |\ \dot6\ -\ |\ \dot6\ \ 0\underline{6\ 6}\ |\ 3\ 5\ {}^\#\underline{4\ 3\ 2}\ |\ 3\ -\ |\ 3\ \ 0\underline{6\ 6}\ |\ 3\ 5\ {}^\#\underline{4\ 3\ 2}\ |\ 1\ -\ |\ 1\ \ 0\ 6\ |$

橄榄　树。　　不要　问我 从哪里 来，　我的 故乡在远 方。　　为

$5\ 6\ \underline{3\ 1\ 2}\ |\ 3\ -\ |\ 0\ \underline{2\ 2}\ 2\ |\ 1\ -\ |\ 1\ -\ |\ 0\ \underline{7\ 2\ 1}\ |\ \dot6\ -\ |\ \dot6\ -\ |\ \underline{3\ 1\ 2}\ 3\ |$

什么流　浪？　　流浪远　方，　　　流　浪！　　啊

$\underline{3\ 1\ 2}\ 3\ {}^\#\underline{4\ 3}\ |\ 2\ \underline{7\ 1}\ 2\ |\ 2\ \underline{7\ 1}\ 2\ \underline{1\ 7}\ |\ 1\ \dot6\ |\ 1\ |\ \dot7\ \dot5\ |\ \dot7\ |\ \dot6\ -\ |\ \dot6\ -\ ||$

啊　　　啊　　　啊！

《橄榄树》演唱提示：歌曲是带再现的单三部曲式，后面有一个结束句。第一部分仿佛在思索，在深情地诉说，演唱时要平稳从容，控制好音量，使歌声轻柔飘逸。第二部分音乐情绪激动，旋律多在高音区进行，出现了全曲的最高音，演唱时注意打开口腔，保证气息积极有力的支持，使声音得到充分的共鸣，让声音舒展、铺开。第三部分是第一部分的重复再现，情绪趋于平稳而更加深情。注意把歌曲中的升六级音唱准，弱起节奏和休止符时值等把握准确。

泥娃娃洗脸

唐 珂 曲
李如会 词

1=♭B 4/4

2. 3 6 0 | 1 6 3 1 2 0 | 6 3 3 2 3 6 | 1. 6 5 0 |

我　　有　　一个泥娃娃，　粉白的脸蛋黑　头发，
我　　要　　亲亲泥娃娃，　倒把脸蛋亲　脏了。

3 6 5 6 6 1 | 7 2 5 6 6 | 2 2 1 6 1 6 | 5. 3 2 0 :‖

有鼻子有眼有嘴巴呀，成天价光笑不说话。
我来给娃娃洗洗脸吧，洗成了一滩烂泥巴。

3 1 2 — | 2 0 0 0 ‖

烂泥巴　　呀！

满江红

古　曲
岳 飞 词

1=F 4/4

3 5 5 6 1 | 2 3 2 1. 0 6 5 6 1 2 3 5 | 2 — — 0 |

怒发冲冠，凭栏处，潇潇雨歇。

3 1 3 5. 0 | 1 5 6 3 2. 0 | 1. 3 2 1 6 5 — | 5 5 6 3 3 1 |

抬望眼，仰天长啸，壮怀激烈。三十功名

2. 3 2. 0 | 3. 5 1 6 5 | 3 2 3 2 1. 0 | 5 1 2 3 5 |

尘与土，八千里路云和月。莫等闲，白了

1.　2 3.　0 | 2 16 5.　0 | 5 － 5 6 1 | 2 32 1.　0 |
少　年头，　空悲切！　靖　康耻，犹未雪，

6 56 1 23 5 | 2 － － 0 | 3 13 5.　0 | 1 5 63 2.　0 |
臣　子恨，何时灭？　　　　驾长车，踏　破

1.3 216 5.　－ | 5 56 3 31 2.　32.　0 | 35 1 65 |
贺兰山缺。　　壮志饥餐胡虏肉，　笑谈渴饮

3 2321 1.　0 | 5 123 5 | 123.　0 | 2 165 － | 5 0 0 0 ‖
匈奴血。　待从头收拾旧山河，　朝天阙。

　　《满江红》演唱提示：这是一首著名的爱国歌曲，词作者是南宋民族英雄岳飞。歌词慷慨悲壮，抒发了作者无限的爱国情思和壮志未酬的遗恨，以及对将来收复河山的畅想。歌曲可分两部分，从"怒发冲冠"到"空悲切"为第一部分，第二部分从"靖康耻，犹未雪"到"朝天阙"。两部分之间的关系是歌词不同、旋律相同。第一部分演唱时要把握好情绪，要控制好声音的强弱和连断。第二部分演唱时要使声音流畅明快，积极向上，结尾"阙"字是全曲最高音，要唱得饱满而集中，软腭上提，气息积极有力，注意歌词的归韵准确。

小毛驴

1=C 2/4

中国民歌

```
1  1   1  3 | 5  5   5  5 | 6  6   6  i | 5    -   |
我 有  一 头   小 毛   驴，我   从 来   也 不    骑，

4  4   4  6 | 3  3   3  5 | 2  2   2  2 | 5.      5 |
有 一  天 我   心 血   来 潮   骑 它   去 赶    集。    我

1  1   1  3 | 5  5   5  5 | 6  6   6  i | 5    -   |
手 里  拿 着   小 皮   鞭，我   心 里   正 得    意，

4  4  4  6 | 3 3 3 3  3 5 | 2 2 2 2  2 3 | 1    -   ‖
不 知  怎 么   哗 啦 啦 啦 啦 啦  摔 得 我 一 身   泥。
```

祖国，慈祥的母亲

1=G 2/4 3/4

陆在易 曲
张洪喜 词

```
3. 2 | 3  -  | 3 4 3 1 | 7  5 | 6  -  | 6 7 1 2 | 3 6 3 |
谁 不 爱      自 己 的   母    亲，      用 那  滚 烫 的

7 6 6. 3 | 3  -  | 3 0 3. 2 | 3  -  | 3 6 3 | 4. 3 2 | -  | 2 6 7 1 |
赤 子 心 灵，         谁 不 爱    自 己 的  母 亲，        用 那
美 妙 青 春，         谁 不 爱    自 己 的  母 亲，        用 那
```

$\underline{2\,3} \quad \underline{2} \quad | \quad \underline{2\,\dot{7}} \quad \underline{1.\,\dot{7}} \quad | \quad \underline{6} \quad - \quad | \quad \underline{6} \quad 0 \quad 0 \quad | \quad \dot{1}\,\dot{1} \quad \dot{1}.\,\underline{6} \quad | \quad 7.\,\underline{3\,3} \quad - \quad |$

滚烫 的 赤子心 灵。 　　　　亲 爱 的 祖 国，

闪光 的 美妙青 春。 　　　　亲 爱 的 祖 国，

$6 \quad \underline{6.} \quad 3 \quad | \quad \underline{4.\,3} \quad 2 \quad - \quad | \quad \underline{3\,6} \quad \underline{6\,3} \quad | \quad \underline{4.\,3} \quad 2 \quad | \quad \underline{3\,2} \quad \underline{6\,1} \quad | \quad 1 \quad - \quad |$

慈 祥 的 母 亲， 长江 黄河 欢 腾着 欢腾着 深 情，

慈 祥 的 母 亲， 蓝天 大海 储 满着 储满着 忠 诚，

$\underline{7\,3} \quad \underline{3.\,2} \quad | \quad 7. \quad \underline{0\,5} \quad | \quad \dot{6} \quad \dot{6} \quad - \quad | \quad \dot{6} \quad 0 \quad 0 \quad \| \quad \dot{6} \quad \dot{6} \quad - \quad | \quad \dot{6} \quad 0 \quad \underline{3.\,2} \quad |$

1. 我们 对 你 的 深 情。 忠 诚。 啦啦

2. 我们 对 你 的

$3 \quad - \quad | \quad \underline{3\,3} \quad \underline{6\,3} \quad | \quad \underline{2.\,1} \quad 2 \quad - \quad | \quad \underline{0\,6} \quad \underline{7\,1} \quad 2 \quad | \quad 1 \quad - \quad \underline{1\,\dot{7}} \quad | \quad \underline{7} \quad \underline{7\,6\,7} \quad \underline{5\,6.} \quad |$

啦 啦啦啦 啦 啦啦， 啦啦啦啦 啦， 啦 啦啦 啦啦，

$\dot{6} \quad - \quad - \quad | \quad \dot{6} \quad - \quad | \quad \dot{6} \quad - \quad | \quad \dot{6} \quad - \quad \|$

嗯！

《祖国，慈祥的母亲》演唱提示：不带再现的单二部曲式，体会四二、四三变换节拍歌曲的节奏和旋律进行特点。从"谁不爱自己的母亲"到"用那滚烫的赤子心灵"为第一部分，节奏悠长，旋律多在中低音区进行，起伏不大。演唱时注意把握歌曲情绪，控制好气息和声音，要有亲切的诉说感，注意把握好速度，不要忽快忽慢。从"亲爱的祖国，慈祥的母亲"到"我们对你的深情"是歌曲的第二部分，节奏紧凑，旋律多在高音区进行，起伏较大。第二部分开始从第一部分结尾十度跳进到歌曲的最高音，"亲"字是闭口音，要感觉喉部放松，软腭抬起，舌面与硬腭拉开距离，气息支持有力，才能唱好这个字。第二段歌词结束，后面有用衬词构成的尾声，演唱时要平稳从容，要控制好音量，要唱得更加深情、意境悠远。

箫

1=C 2/4

中国汉族童谣

```
5    i  | 6̂5 3 | 3̂5 3̂2 | 1  -  | 6̂ i  3  5  |
一   根   紫 竹 直 苗   苗，      送 给 宝 宝
```

```
6    3  | 5  -  | 6 5 3 6 | 5  -  | 6 5 3 6 |
做   管   箫，      箫 儿 对 正 口，    口 儿 对 正
```

```
5    -  | 5    i  | 6̂5 3 | 5̂2 3̂2 | 1  -  |
箫，      箫   中   吹 出 时 兴 调。
```

```
1    1̂3 | 2  -  | 6 i 6 i | 2̇ 6 | 5  -  |
小   宝 宝      吁 嘀 吁 嘀 学 会 了。
```

```
1    1̂3 | 2  -  | 6 i 6 i | 2̇ 6 | i  -  ‖
小   宝 宝      吁 嘀 吁 嘀 学 会 了。
```

雁南飞

1=♭E 2/4

李伟才 曲
李 俊 词

```
(5̲3̲  ‖: i  -  | 7. 5̲6̲ | 6  -  | 6̂5̲ 3. | 5̲ 2̲5̲2 | 1  -  |) 5̲ 6̲5 | 3  -  |
                                     雁 南   飞，
```

```
3̲5̲ 6̲5 | 3  -  | 3  6̲5̲ | 3. | 5̲ | 1̲6̲ 3̲5̲ | 2̂  -  | 2  3̲5̲ |
雁 南   飞，      雁 叫 声 声 心 欲 碎。      不 等
```

```
2.  3 | 6. - 6 | 6 1 7. 6 | 5 - 5 3 | 5. 3 |
今   日   去，    已 盼 春 来 归，    已   盼

2 5 2. 1 | 1 - 1 | 6 7 1 - 1 | 6 1 7. 5 | 6 - |
春 来 归。    今 日 去，    原 为 春 来 归。

6 5 6 | 3 (5 6 3) | 1 6 | 5 3 5 | 2 - 2 | 5 3 1 - |
盼 归，    莫 把 心 揉 碎，    莫 把 心

7. 5 | 6 - 6 | 6 5 3. 5 | 2 5 2. 1 | 1 - 1 (5 3 :
揉 碎，    且 等 春 来 归。

6 6 5 | 2 - 2 | 1 1 - 1 - 1 - |
且 等 春 来 归。
```

《雁南飞》演唱提示：这是一首优美动听、扣人心弦的抒情歌曲。如果能了解影片《归心似箭》的故事情节将会对演唱有一定的帮助。歌曲表达了对亲人远去依依不舍、盼望早日归来的心情。注意歌曲前奏与开始演唱部分的衔接，弱起节奏要唱得准确自然。歌曲的第一、第二小节从最低音向上大六度跳进，要把低音唱得深情自然，气息下沉，喉部放松，歌词要唱清晰。向上大六度跳进要唱得从容，不能很突然，注意上腭要有向上抬起的感觉。注意第二小节"飞"字与第四、第五小节"飞"字的时值是不一样的。要把全曲唯一的"碎"字上的前倚音唱准，不能唱得匆忙，要唱得深情而耐人寻味。

小雨沙沙

王天荣 曲
许 竟 词

1 = G 2/4

5	3	5	3	1 1	1	1 1	1	

小　　雨，　小　　雨，　沙沙沙，　沙沙沙。
小　　雨，　小　　雨，　沙沙沙，　沙沙沙。

5	3	5	3	2 2	2	2 2	2	

种　　子，　种　　子，　在说话，　在说话。
种　　子，　种　　子，　在说话，　在说话。

5 3	3	5 3	5 6	5	—	5 3	3	

哎呀呀，　雨水真　甜，　哎呀呀，
哎呀呀，　我要出　土，　哎呀呀，

2 1	2 3	1	—	﹕‖

我要发　芽。
我要长　大。

我和我的祖国

秦咏诚 曲
张　藜 词

1=♭E 6/8 9/8

《我和我的祖国》演唱提示：不带再现的单二部曲式，歌曲的第二部分旋律是将第一部分的旋律素材进行提炼和发展而成的。仔细体会八六节拍和八九节拍的节奏律动和旋律进行特点。歌曲的第一部分是深情诉说的情绪，演唱要从容自然，注意旋律的流动感，气息平稳、声音集中。第二部分前两个乐句是歌曲的高潮部分，情绪热烈激昂，演唱时注意气息的支持要积极，口腔打开，共鸣充分，高音区的"我最"和"我永远"唱时感觉气息下沉，声音集中，歌词要唱清晰。

大山的回声

1 = F 3/4

瑞士儿童歌曲

| 5̣ | 1· 3 2 7 | 1 5̣ 1 | 3· 5 4 4 |
看， 山 头 白 雪 皑 皑， 白 云 飘 向 山

| 3 — 1 1 | 6· 4 1 6 | 5 3 1 1 | 2· 4 3 2 |
外， 我 们 滑 雪 多 么 愉 快， 对 着 大 山 唱 起

| 1 — 5̣ 6̣ | 5· 6̣ 5̣ 3̣ | 1· 6̣ 5̣ 5̣ | 5̣· 3̣ 1̣ 3̣ |
来。 哟 得 嗬 得 哟 得 嗬 得 嗬，哟 嗬 得 嗬 得

| 2 — 5̣ | 5 542 542 | 542 1 5̣ | 5 542 542 | 1 — ‖
嗬， 哟 嗬 得 嗬 得 嗬 得 嗬，哟 嗬 得 嗬 得 嗬。

枉凝眉

王立平 曲
曹雪芹 词

1 = E 4/4

(321 6̣ 5 6̣ — — 321 6̣ 5 6̣ — —) | 6̣ 7 6 6 3 5 6 | 5 6 3 — — | 2 3 2 2 6 1 2 |
一 个 是 阆 苑 仙 葩， 一 个 是 美 玉 无

| 1 2 6̣ — — | 1 2 3 3 6̣ 3 | 2 — — 3 5 | 6· 7 6 7 6 7 5 3 | 5 — — 3 5 |
瑕。 若 说 没 奇 缘， 今 生 偏 又 遇 着 他； 若

6̣· 1̣ 6̣3 2̣3̣6̣ | ⁶1 - - - | 7̣ 7̣ 6̣7̣ 2·3̣2 | 7̣ 5̣ 3̣2̣7̣3̣ 2̣3̣5̣ | 1̣ 6̣· 6̣ - |

说　有　奇　缘，　　　　如何　心事　终　虚　化？

1̣ 6̣· 6̣ - | 1̣ 2̣· 1̣2̣ 1̣2̣6̣ | 1̣ 6̣· 6̣ - | (5̣ 3̣· 3̣ -) | 6̣7̣ 6̣6̣3̣ 5̣6̣ |

啊　　　啊　　　　　　　　　　　一个　枉自嗟

6̣3̣· 3̣ - | 2̣3̣ 2̣2̣6̣ 1̣2̣ | 2̣6̣· 6̣ - | 1̣2̣ 3̣3̣6̣3̣ | 2̣ - - 3̣5̣ |

呀，　　　一个　空劳牵　挂。　　一个　是水　中　月，　一

6̣· 7̣ 6̣7̣ 6̣7̣5̣3̣ | 5̣ - - 5̣1̣6̣ | 1̇ - - 7̇1̇7̇6̇ | 6̇ - - 5̇ | 6̇1̇ 3̇ 2̇6̇1̇7̇6̇ |

个　是镜　中　花。　想眼　中　能　有　　多少　泪珠

6̇5̇· 5̇ 5̇1̇6̇ | ⁶1̇· 6̇3̇· 2̇3̇ | 2̇ - - 3̇ | 7̇5̇ 3̇2̇7̇3̇ 2̇3̇5̇ | 1̇ 6̇· 6̇ - |

儿，　怎禁　得　秋　流到　冬　尽，春　流　到　夏！

1̇ 6̇· 6̇ - | 1̇ 2̇· 1̇2̇ 1̇2̇6̇ | 1̇ 6̇· 6̇ - | 6̇ - - - ‖

啊　　　啊！

　　《枉凝眉》演唱提示：歌曲既有复二部曲式结构特点又有多段体结构特点。为了分析方便，我们姑且把它分成两部分，以中间一小节的间奏为分界。第一部分的前八小节与第二部分的前八小节旋律基本相同，演唱时注意声音和节奏要平稳从容，旋律向低音跳进时，气息要控制好，喉部要放松。"想眼中能有"五个字在歌曲的高音区进行，不要唱得过开过强，应该有所节制，与前面的衔接自然顺畅。第一部分和第二部分后面的"啊"字衬句，要注意声音的集中，不能发散，不能过强。

鲜花开

1=♭E 2/4

潘振声 词曲

5	5 5	5 5 5 0	6	6 5	5 -

花　　园里　鲜花　开，　　鲜　　花　　　开，
小　　朋友　快快　来，　　快　　快　　　来，

(5 　5 5 　5 5 | 5 6 　5 0)　| 4 4 　4 0 | 4 4 　4 0 |

一　朵　朵　　真　可　爱，
手　拉　手　　跳　起　来，

5	5 4	3	-	(5 4 4 4	5 4 3 0)

真　可　爱。
跳　起　来。

4 4	4 3	2 0	2 0	(4 3	2 0)	3 3	3 2

蜜蜂　采花　蜜　　呀，　　　　　蝴蝶　传花
我像　小蜜　蜂　　呀，　　　　　你像　花蝴

1 0	1 0	(3 2	1 0)	2	3 4	5	6 0

粉蝶　呀，　　　　　飞　来　飞　去
蝶又　呀，　　　　　像　鲜　　花

5 4	3 2	1	- :||

多呀　多愉　快。
遍呀　遍地　开。

这就是我的祖国

陈述刘 曲
卢咏椿 词

1=♭A 2/4 3/4 4/4

这 里 的 土 地　多 彩 又 辽　阔，　　春 有 绿　叶，
这 里 的 太 阳　辉 煌 又 温　暖，　　照 耀 天　空，

秋 有 金 果，　冬 有 遍　地 春　色。　　这 里 的 风　儿
照 耀 大 地，　照 进 人　们 心　窝。　　这 里 的 人　民

多 情 又 柔　和，　　飘 着 花 香，　飘 着 笑 语，　飘 着 不　落 的
勤 劳 又 蓬　勃，　　相 亲 相 爱，　团 结 一 心，　建 设 美　好 的

欢　歌。　　要 问 这 里　是 什 么 地 方，　　这 就 是 我　　的
生　活。

祖　国。　　要 问 这 里　是 什 么 地　方，　　这 就 是 我　的 祖

国。　　这 就 是 我　的 祖　国。　　我 的

祖 国 祖　国。

《这就是我的祖国》演唱提示： 歌曲是没有再现的单二部曲式，体会变节拍歌曲的节奏和旋律进行特点。歌曲的第一乐句在中音区起唱，节奏平稳，旋律以级进为主，很适合演唱。歌曲第一乐句的第四、第五小节是模进的关系，特别注意音高要准确。第二部分的前四小节旋律多在高音区进行，演唱时注意气息要坚定有力，腔体要充分打开，使声音得到充分的共鸣，要强调头腔共鸣，要使声音集中、辉煌，注意要把几处切分音节奏唱准确。

大 鼓

日本儿歌
陈永连 译词

1 = F 2/4

$\underline{3\ 3}$ $\underline{3}$ $\underline{1}$ 1	$\dot{5}$ $\dot{5}$	$\underline{3\ 3}$ $\underline{3}$ $\underline{1}$ 1	$\underline{5\ 5}$ 5

擂 起 了 大 鼓 咚 咚， 敲 起 了 小 鼓 嗵 嗵 嗵，

$\underline{6\ 5}$ $\underline{5}$ $\underline{3}$ 3	$\underline{5\ 3}$ $\underline{3}$ $\underline{2}$ 2	$\dot{5}$ $\dot{5}$	$\underline{1\ 1}$ 1

擂 起 了 大 鼓， 敲 起 了 小 鼓， 咚 咚 嗵 嗵 嗵。

大海啊，故乡

1=F 3/4

王立平 词曲

《大海啊，故乡》演唱提示：歌曲模仿海浪涌动的节奏，旋律优美，意境深邃。体会四三拍歌曲的节奏和旋律进行的特点。歌曲从中音区开始，演唱时注意把握情绪，要自然从容，不要过分强调音量，要唱得舒展平稳。"大海啊大海，是我生长的地方"在高音区进行，与前面乐句形成对比，体现感情的升华，演唱时口腔要充分打开，下巴向后、向下，气息饱满深沉，感觉气息的支持点在丹田附近。歌曲尾声要控制好气息和音量，要唱出曲尽而意未尽之感。

大 鹿

法国民歌
许 林 译配

1=F 2/4

| 5. 1 1 2 | 1 7. 2 | 5. 2 2 2 | 2 1 3 |

大 鹿 站 在 房 子 里， 透 过 窗 子 往 外 瞧，

| 5. 1 1 2 | 1 7. 2 2 | 5. 5. 6. 7 | 1 — |

林 中 跑 来 一 只 小 兔， 咚 咚 把 门 敲。

‖: | 5 5 5 5 | 5 4 6 | 4 4 4 4 | 4 3 5 |

"鹿 呀， 鹿 呀， 快 开 门， 林 中 猎 人 追 来 了！"

| 3 3 3 3 | 3 2 4 4 4 | 5. 5. 6. 7 | 1 — :‖

"兔 儿， 兔 儿， 快 进 来， 咱 们 手 把 手 挽 牢。"

心 恋

1=A 4/4

印度尼西亚民歌

(1 <u>3 6</u> <u>0 5</u> <u>0 3</u> | 2 <u>0 4 6</u> 5 | <u>1 3 6</u> <u>5 3 1</u> <u>♭6 2 4</u> <u>♭6 2 4</u> | <u>5 0 5 5 0 0</u>) <u>5 1</u> | 3 <u>0 1</u> <u>5 1</u> <u>3 6</u> |

　　　　　　　　　　　　　　　　　　　　　　　　　　　　　　　　我想 偷　偷望呀望一

5 － <u>3 0</u> <u>1 1</u> | 1 <u>0 7</u> <u>1 7</u> <u>1 3</u> | 2 － － <u>5 1</u> | 3 <u>0 1</u> <u>5 1</u> <u>7 7</u> | 6 － <u>4 0</u> <u>2 7</u> |

望　　　　他，假装 欣　赏欣赏一瓶 花，　　　只能 偷　偷看呀看一　看　他，就好

1 <u>0 5</u> <u>#4 5</u> <u>♭4 7</u> | 1 － 0 <u>5 5</u> | 5. <u>6 5 4</u> <u>2 7</u> | 5 － － <u>3 3</u> | 3. <u>4 3</u> <u>2 1</u> <u>7</u> |

像　要 浏览一幅　画。　　　只怕 给　他知道笑我　傻，　我的 眼　光只好回避

6 － － <u>6 7</u> | 1 <u>0 7</u> <u>1 2</u> <u>3 4</u> | 6. <u>5 5</u> <u>5 1</u> | 3 <u>0 5</u> <u>#4 5</u> <u>♭4 7</u> | 1 － 0 (<u>5 1</u> |

他，　　　　虽然 也　想和他说一 句　　话，怎奈 他　的的身旁 有个　她。

3. <u>1</u> <u>5 1</u> <u>3 6</u> | 5 － － <u>1 1</u> | 1 <u>0 1 1</u> <u>1 7</u> <u>1 3</u> | 2 － － <u>5 1</u> | 3. <u>1</u> <u>7 1</u> <u>7 7</u> |

6 － 4 <u>2 7</u> | 1. <u>5</u> <u>#4 5</u> <u>♭4 2</u> :‖ 1 － － 0 | 0 0 0 <u>5 1</u> | 3 <u>0 5</u> <u>5. #4</u> <u>♭4 7</u> |

　　　　　　　　　　　　　　她。　　　　　　　　　　　　　　　怎奈 他　的身旁有个

1 － － 0 | 0 0 0 <u>5 1</u> | 3. <u>5</u> <u>#4 5</u> <u>♭4 7</u> | 1 － － － | 1 － － － ‖

她，　　　　　　　　　　　怎奈 他　的身旁有个　她。

　　《心恋》演唱提示：带再现的单二部曲式，旋律流畅优美，节奏活泼有推动感，音域只有九度，适合歌唱。歌曲从低音区开始，演唱时喉部要放松，气息下沉，注意口盖要向上抬起。整个第一部分的四个乐句要唱得轻松自如，气息灵活积极，要唱得诙谐幽默。注意后半拍弱起节奏要准确，同时要唱出推动感。第二部分的四个乐句与第一部分相比情绪更加激动，描写主人公强烈暗恋的心态和无可奈何的心情。演唱时注意声音要有弹性，强弱控制自如。歌曲演唱的难点是唱准临时变化音。

假如我是小鸟

德国童谣
盛 茵 译配

1=♭E 3/4

```
1  1   1    1  | 3. 2 1 | 3 3 3  3  | 5. 4 3 |
假 如 我  是  小    鸟，  我 要 展 翅  飞    翔，

5  4 4  3  | 2 - - | 2.  2 1 7̣ | 1 2 3 |
飞 到 你  身    旁。      但   我 不 是 小    鸟，

4. 4 3 2 | 3 4 5 | 5 4 3 3 2 | 1 - - ‖
我    也 不 会 飞    翔，  只 能 遥 望 远    方。
```

牧羊曲

王立平词曲

1=E 2/4 4/4

```
(5 6 ‖: i. 6 | i - - 3 i | 7. 6 | 7 - - 6 3 | 2. 3 |

5 - 0 2 2 6̣ | 1 3 5 6 3 5 | 3 5 6 3 5) 5 6 | 1. 5 3. 2 | 3 - - 5 6 |
                                        日 出 嵩 山 坳，     晨 钟
                                        莫 道 女 儿 娇，     无 瑕

1. 5 2. 1 | 2 - - 3 5 | 6 - - 3 5 | 1. 3 2 7 6̣ | 0 2 3 2 2 7 6̣ |
惊   飞 鸟，     林 间    小 溪 水 潺 潺，    坡 上 青 青
有   奇 巧，     冬 去    春 来 十 六 载，    黄 花 正 年
```

$\underline{5}$ - - $\underline{5\ 6}$ | $\dot{1}.$ $\underline{6}$ | $\dot{1}$ - - $\underline{3\ \dot{1}}$ | $\dot{7}.$ $\underline{6}$ | 7 - - $\underline{6\ 3}$ |

草。　野果　香，　　　山花　俏，　　　狗儿

少。　腰身　壮，　　　胆气　豪，　　　常练

2 - $\underline{3\ 7}$ $\underline{6}$ | 5 - - $\underline{5\ 6}$ | $\dot{1}.$ $\underline{6}$ | $\dot{1}$ - - $\underline{3\ \dot{1}}$ | $\dot{7}.$ $\underline{6}$ |

跳，　羊儿　跑。　　举起　鞭　儿　轻轻　摇，

武，　勤操　劳。　　耕田　放　牧　打豺　狼，

7 - - $\underline{6\ 3}$ | $2.$ $\underline{3}$ | 5 - $\underline{0\ 2}$ $\underline{2\ 6}$ | 1 - - $(\underline{5\ 6}$:‖ | 1 - - $\underline{6\ 3}$ |

小曲　满山　飘，　满山　飘。　　　挑。　风雨

风雨　一　肩挑，　一肩

$2.$ $\underline{3}$ | 5 - $\underline{0\ 2}$ $\underline{2\ 6}$ | 1 - - - | $\underline{0\ 2}$ $\underline{2\ 6}$ | 1 - - | 1 - 0 ‖

一　肩挑，　一肩　挑，　　　一肩　挑。

《牧羊曲》演唱提示：歌曲为单二部曲式，四四与四二变换节拍，旋律优美动听，节奏简洁流畅。歌曲的第一部分旋律基本是在中低音区进行，演唱时注意控制气息不要过分用力，声音要柔和，注重抒情性格。从"野果香"开始的第二部分的旋律在高音区进行，情绪热烈开朗，演唱时注意打开腔体，体会全身歌唱的感觉，要注意声音的高位置和集中，不撑喉、感觉脖子放松，气息坚定而有支持点。歌曲演唱时注意气口的安排要恰当，气息支持要灵活而有力，注意装饰音要唱得准确，能够结合歌曲意境唱出韵味来。

玛丽拍拍小膝盖

美国儿歌
王懿颖 译配

1 = F 2/4

$\underset{\text{玛}}{\dot{5}}$ $\underset{\text{丽}}{1}$ $\underset{\text{拍}}{\overset{\cdot}{1}}$ $\underset{\text{拍}}{1}$ | $\underset{\text{小}}{\dot{7}}$ $\underset{\text{膝}}{2}$ $\underset{\text{盖}}{2}$ | $\underset{\text{我}}{\dot{5}}$ $\underset{\text{也}}{2}$ $\underset{\text{拍}}{\overset{\cdot}{2}}$ $\underset{\text{拍}}{2}$ | $\underset{\text{小}}{1}$ $\underset{\text{膝}}{3}$ $\underset{\text{盖}}{3}$ |

$\underset{\text{我}}{1}$ $\underset{\text{们}}{3}$ $\underset{\text{一}}{\overset{\cdot}{3}}$ $\underset{\text{起}}{3}$ | $\underset{\text{拍}}{4}$ $\underset{\text{膝}}{6}$ $\underset{\text{盖}}{6}$ $\underset{\text{，现}}{6}$ $\underset{\text{在}}{6}$ | $\underset{\text{大}}{5}$ $\underset{\text{家}}{5}$ $\underset{\text{一}}{4}$ $\underset{\text{起}}{2}$ | $\underset{\text{停}}{1}$ $\underset{}{0}$ ‖

我爱你，塞北的雪

刘锡津 曲
王 德 词

1=♭B 4/4

```
5 - 1.323 | 2/3 3 - - - | 3̂2 1̂5.161 | 1/2 2 - - - | 3 - 2̂31̂ | 1.2651̂5 3. 5 |
我 爱  你，        塞 北 的 雪，      飘  飘  洒  洒
```

```
6̂1 2̂2̂26 56 | 5 - - 56 | 66 51 65 | 66 - 61 | 11 63 2̂1 | 11 - 23 |
漫 天 遍    野。     你的 舞姿 是那 样的 轻盈，  你的 心地 是那 样的 纯洁， 你是
                     你用 白玉 般的 身躯，  装扮 银光 闪闪的 世界， 你把
```

```
5 5 - - | 5 - - 35 | 6 561 03 | 3̂22 - 23 | 5. 3̂2̂327 | 6.7656 6 - |
春雨          的 亲 姐 妹哟， 你是 春 天 派 出的 使  节，
生命          融 进 土 地哟， 滋润 着返 青的 麦  苗，
```

```
56 3̂236 | 1 - - (23 | 5. 3̂2̂327 | 67656 0 | 56 3̂236 | 1 - - -):‖
春天 的 使   节。
迎春 的 花
```

```
2.
1 - - - | 2/3 3 - - 2̂1 | 6̂16 5̂5 - | 53 55.161 | 1/2 2 - - - | 3 - - 2̂1 |
叶。      啊！            我 爱  你，         啊！
```

```
6̂16 56 - | 53 56.166 | 1 - - - | 16 16.166 | 1 - - - | 1 - - - | 1 - - - ‖
塞 北 的 雪，  塞 北 的 雪。
```

《我爱你塞北的雪》演唱提示：歌曲应该是由多乐句构成的单一部曲式，同时它也具有单二部曲式结构的一些特点。歌曲旋律舒展流畅，具有浓郁的民歌风格。歌曲开始第一乐句的四小节要唱得亲切自然，第二乐句延续第一乐句的情绪；第三、第四乐句要唱得轻巧，不要过于用力，要唱出歌词的意境。第五乐句"你是春雨的亲姐妹哟"是歌曲的高潮乐句，旋律多在高音区进行，"雨"字上的六拍长音演唱时气息支持很重要，要在前面做好充分准备，要感觉到口腔的积极和喉部的放松。

小放牛

河北民歌

1=D 2/4

```
5 3  5    | 0 6  5 | 3. 5  6  i | 5  3  2 |
赵 州  桥   来  什 么  人    修?
赵 州  桥   来  鲁 班    修,

5 3  5. 3 | 2 5  3 2 | 1 2  1  6 | 5.      6 |
玉 石  栏 杆   什 么  人   留?
玉 石  栏 杆   圣 人    留,

1 6  1   | 0 6  5 | 3. 5  6  i | 5  3  2 |
什 么 人   骑  驴 桥  上    走?
张 果 老   骑  驴 桥  上    走,

5 3  5. 3 | 2 5  3 2 | 1. 2 3 5 | 2 1  6 1 | 5. -  ‖
什 么 人  推 车  轧 了 一 趟  沟 么 一 呀  嘿?
柴 王 爷  推 车  轧 了 一 趟  沟 么 一 呀  嘿。
```

江河万古流

王立平 曲
苏叔阳 词

1=F 4/4

```
( 0  3.23  -  | 0  5.23  -  | 0 1 24 3.  1 | 2.  35  -  ) |

2 3  235  5  -  | 0 1 2 3 5 6 563 | 5 - - 5 6 | i - - 7 6 |
长江 流,    黄 河   流,    滔 滔
```

$\widehat{6\ 5.}\quad \underline{5}\ \widehat{\underline{6}\ \underline{6}}\ \underline{\widehat{5}}\ |\ 3\ -\ -\ -\ |\ \widehat{\underline{6}\ \underline{5}}\ \widehat{\underline{6}\ \underline{5}}\ \underline{1}\ 2\ -\ |\ \widehat{\underline{3}\ \underline{2}}\ \widehat{\underline{3}\ \underline{2}}\ \underline{5}\ \underline{6}\ -\ |$

岁月　　无　尽　头。　　　　　　天下兴亡　　多少事，

$5\ 3\quad \widehat{\underline{5}\ \underline{2}}\ \widehat{\underline{3}}\ \widehat{\underline{2}\ \underline{3}}\ \underline{5}\ |\ 1\ -\ -\ \widehat{\underline{1}\ \underline{6}}\ \widehat{\underline{1}}\ |\ 6\ -\ -\ \widehat{\underline{1}\ \underline{6}}\ \widehat{\underline{1}}\ |\ 6\ -\ -\ \underline{6}\ \underline{1}\ |$

莽莽　我神　州。　　　情悠　悠，　　思悠　悠，　　炎黄

$7.\quad \underline{6}\ \widehat{\underline{5}\ \underline{6}}\ \widehat{\underline{6}}\ \underline{5}\ |\ 3\ -\ -\ -\ |\ \widehat{\underline{6}\ \underline{5}}\ \widehat{\underline{6}\ \underline{5}}\ \underline{1}\ 2\ -\ |\ \widehat{\underline{3}\ \underline{2}}\ \widehat{\underline{3}}\ \underline{2}\ \underline{5}\ \underline{6}\ -\ |$

子　孙志　未　酬。　　　　　中华自有　　雄魂　在，

$5\ 3\quad \widehat{\underline{5}\ \underline{2}}\ \widehat{\underline{3}}\ \widehat{\underline{2}\ \underline{3}}\ \underline{5}\ |\ \overset{1.}{1}\ -\ -\ -\ :\|\ \overset{2.}{1}\ -\ -\ -\ |\ 5\ 3\ -\ 5\ |$

江河　万古　流。　　　　流。　　　江河

$\dot{2}\ -\ \widehat{\dot{1}\ \dot{2}}\ 6\ |\ \dot{1}\ -\ -\ -\ |\ \dot{1}\ -\ -\ \|$

万　古　　流。

《江河万古流》演唱提示： 带再现的单二部曲式。歌曲音域宽广，旋律起伏跌宕、大气磅礴、气势恢宏。歌曲旋律的特点是在一个字上的向下五、六度大跳进行较多，如"流、兴、少、神、魂、古"等字，演唱时要使气息的支持始终如一，喉头不能挤、压，要注意吐字归韵准确。歌曲第二部分开始"情悠悠，思悠悠"旋律在高音区进行，而"情、思"二字都是闭口音增加了歌唱的难度；演唱时要窄音宽唱，喉咽部要打开，舌面与上腭之间要留有充足的空间，保证歌唱的通道畅通，气息的支持点不能上移，胸部要放松，要把头腔共鸣和胸腔共鸣联合起来。

小马车

英美儿歌
王懿颖 译配

1= F 4/4

```
1  1  1  1 1 | 3 3 5 3  1 | 2  2  2  2 2 | 7 7 2  7  5 |
```
我 们 大 家 都 坐上 小 马 车， 我 们 大 家 都 坐上 小 马 车，

```
1  1  1  1 1 | 3 3 5 3  1 | 5.  4 3 2 | 1  1  1  1 — ‖
```
我 们 大 家 都 坐上 小 马 车， 欢 迎你呀 好 朋 友。

小背篓

白诚仁 曲
欧阳常林 词

1= A 4/4

```
(7. 6#5 6  — | 7  6#5 6 5 3  — | 3 6 6 3 2 3 3 2 1 2 2 1 7 | 7. 6 5 3 5 6 6  — |
```

```
6 3 2 3 2 3 6  — ) | 3 6 2 1 6  0 | 6 3 3 6 2 1 6  0 | 3 3  5 6. 6 5 3 |
```
小 背 篓， 晃 悠 悠， 笑声 中妈 妈把我
小 背 篓， 圆 溜 溜， 歌声 中妈 妈把我

```
5 1 2 5 3 2 3  — | 2 2 3 1 6 1 2#1 2 0 | 3 3 6  1 3 2#1 2 0 | 2 2 3 1 6 1 2#1 2 0 |
```
背下了吊脚 楼。 头一回幽幽 深山中， 尝呀 野果哟， 头一回清清 溪水边，
背下了吊脚 楼。 多少次外婆 家里哟， 烧呀 糍粑哟， 多少次听唱 山歌哟，

```
2 6  1 2 2#1 6 0 | 3 3 5 6#5 3 3 0 | 6 1 2 5 3 2 3  — | 2 2 3 1 7 6 5 3. 3 |
```
洗呀 小手哟， 头一回赶场逛 了 山里的大世 界， 头一回下到河滩里我
在呀 桥头哟， 多少次睡在背篓里 尿湿了妈妈的背， 多少次爬出背篓来我

3 5 6 5 3 6 — | 3 6 6 #5 6 — | 3 6 6 #5 6 5 3 — | 3 3 6 6 3 2 2 2 3 1 7 6 |

看 了 赛 龙 舟。⎫ 哟 哟 童年的岁月,难忘 妈妈 的
光 着 脚 丫儿走。⎭

〔1.〕 5 3 5 6 6 — :‖ 〔2.〕 5 3 6 . 5 3 3 3 5 5 6 2 1 | 6 . 5 3 3 3 5 5 6 2 1 | 6 0 3 6 6 . 6 |

小 背 篓。 小背篓。多少欢乐多少 爱, 多少思念多少 情,妈 妈 那

7 6 . 7 6 5 4 3 | 2 3 2 #1 2 3 | 1 7 6 . 5 3 5 5 6 2 1 | 6 #4 5 5 7 6 — | #4 5 5 7 6 — — ‖

回 头 的 笑 脸 至今 甜在 我心头,甜在我心 头。噢噢噢 噢噢噢。

《小背篓》演唱提示：这是一首流传很广的抒情叙事歌曲，旋律优美活泼，具有典型的民族和地方风格。歌曲通过对童年生活的回忆，歌颂世间最真挚的母爱。歌曲演唱时首先注意的是休止符的时值要准确，不要为了追求声音或炫耀声音而占用休止符的时值，要切实体会休止符在歌曲表达中的重要作用；休止符使这首歌曲描写的意境更加真实，使歌曲更加鲜活灵动。其次要把歌曲中的临时变化音唱准确，歌曲中的滑音要唱得亲切自然，不能做作。"哟"字上的两小节衬腔要唱得情绪激动热烈，在气息的支持下把声音放出来，同时保证声音的集中和高位置。

小　象

日本儿歌
陈永连 译配

1=F 3/4

```
1.    6̣ 5̣ | 1.    6̣ 5̣ ∨ | 1.    2 3 5 | 3 3 2 1 2    ∨ |
小      象，  小      象，  你      的 鼻 子   怎 么 那 样 长？
小      象，  小      象，  谁      是 你   最 喜 爱 的 人？

5.    5̣ 3 | 6 5 3  1 ∨ | 2.    3 6̣ 5̣ | 1 - - ‖
是      啰 哟，  妈 妈 鼻 子   就      是 那 样 长。
是      啰 哟，  妈 妈 是 我   最      喜 爱 的 人。
```

拔根芦柴花

江苏民歌

1=C 2/4

```
‖: (1. 2̣ 3 3 | 2̣ 1̇ 1̇ 6̇ | 5̇ 0 3̣ 2̣ | 1. 2̣ 3 3 | 2̣ 1̇ 3̣ 2̣ | 1̇ 0 6̣ 1̇ | 5̇ 0 3 0 | 5.    6 ) |

1̇ 3 | 2̇ 1̇ 6̇ | 1̇ 3 | 2̇ 1̇ 6̇ | 5̇ 5̇ 3 | 5.    6 | 1̇ 2̇ | 2̇ 1̇ 6̇ |
叫（呀）我（这么）里（呀）来    我（呀）  就    （的）来        了，
金 黄 麦（那个）割（呀）下    秧（呀）来  （的）栽        了，
泼 刺 鱼（那个）飞（呀）跳    网（呀）来  （的）抬        了，

1̇ 1̇ 2̇ | 1̇ 6 5 | 3.    2̇ | 1 0 | 5̇ 5̇ 3 | 5.    6 | 1̇ 3 | 2̇ 1̇ 6̇ |
（拔 根 的 芦 柴 花      花），  清 香 （那 个） 玫        瑰
（拔 根 的 芦 柴 花      花），  洗 好 （那 个） 衣        裳
（拔 根 的 芦 柴 花      花），  姐 郎 （那 个） 劳        动
```

```
6 i  3 5 | 6 5 i 6 | 5  -  | 5  0 | 3 5 3 5 | 0 6 i | 5 3 3 5 | 0 6 5 |
```

玉兰　花儿开，　　　蝴蝶　（那个）恋花
忙把　桑来采，　　　洗衣　（那个）哪怕
来呀　来比赛，　　　姐胜　（那个）情郎

```
3 5 3 5 | 0 6 i | 5 3 3 5 | 0 6 5 | 3 5 3 5 | 0 6 i | i 3 | 2  -  |
```

牵姐　（那个）看呀，　　鸳鸯　（那个）戏　水
黄昏　（那个）后呀，　　采桑　（那个）哪　怕
山歌　（那个）唱呀，　　情郎　（那个）胜　姐

```
i 5 6 i | 3. 5 2 3 | 1  -  | 1  0 | 3  3 2 | i. 2 3 | 2  -  | i 6 |
```

要　郎　猜。　　　（小　小的　郎儿　呀，
露水　湿青苔。　　（小　小的　郎儿　呀，
亲　桃　腮。　　　（小　小的　郎儿　呀，

```
i i  0 6 | 5. 6 i 2 | 6  i | 1.2  3  2 3 | 5  6 5 | 3  2 | 1  -  | 1 ( 3 2 :||
```

月下　芙蓉　牡丹　花儿开　　了）。
月下　芙蓉　牡丹　花儿开　　了）。
月下　芙蓉　牡丹

```
3.  3  2 6 | i  5 | 3  2 | 2.  0 | 1  -  | 1  -  ||
```

花　儿　开　　　　　了。）

　　《拔根芦柴花》演唱提示：这首民歌是江都邵伯有名的栽秧号子，也叫"秧号子"或"秧歌子"，极富歌唱性。"拔根芦柴花"是衬词，歌曲以此命名。歌曲表达了只有劳动才能获得幸福生活的思想。歌曲中的衬词衬句虽无实际意义，但对歌曲的完整和流畅有着重要作用。要把歌曲唱得灵巧轻快，喉部放松，气息积极支持，要有高位置共鸣，不能把声音唱得压抑沉重。

小青蛙

比利时儿歌
瞿希贤 译配

1=D 2/4

5 | 3 3 3 5 | 3 3 3 5 | 6 5 4 3 |

哎　小青蛙哎　小青蛙，可　爱的小青

2 4 | 2 2 2 3 | 2 2 2 4 | 5 4 3 2 |

蛙，哎　小青蛙哎　小青蛙，可　爱的小青

1 5 | 3 3 3 5 | 3 3 3 5 | 6 5 4 3 |

蛙。喔　呱呱呱喔，呱呱呱喔，呱呱呱喔，

2 2 2 4 | 2 2 2 4 | 2 2 2 4 | 5 4 3 2 | 1 1 1 ‖

呱呱呱喔，呱呱呱喔，呱呱呱喔，呱呱呱喔，呱呱呱。

我像雪花天上来

徐沛东 曲
晓 光 词

1=D 4/4 2/4

(i. 56 7 3. | 6. 23 #4 2. | 2 6 ♭6 | 5 - 57 2.1 | 1 - - -) |

‖: 5 i 7 i 5 3 | 5 i 7 i 5 - | 5 i 7 i 5 3 | 4 56 6234 5 - |

我像一朵雪　花　天　上　来，　总想飘进你的　情　　怀。
我像一片秋　叶　在　飘　零，　多想汇入你的　大　　海。

5 i 7 i 5 3 | 5 i 7 i 6 - | 6 2 #i 2 7 5 | 4 5 32 1 - |

可是你的心　扉　紧锁不　开，　让我在外孤　独　徘　　徊。
可是你的眼　里　写着无　奈，　把我的爱浸　入

浓浓　悲哀。

难道我像雪花，　一朵雪花，　　不能获得阳光炽　热的爱。
你可知道雪花　坚贞地向往，　　就是化作水珠也渴　望着爱。

难道我像秋叶，　一片秋叶，　　不能获得春天纯　真的爱。
你可知道秋叶　不懈地追求，　　就是化作泥土也追　寻着爱。

（啦啦啦啦啦　啦啦）我的情怀，　　（啦啦啦啦啦啦啦啦）我的大海，

（啦啦啦啦啦　啦啦）我的向往，　　我的追求永远不　会改。

我的追求永远不　会改。

　　《我像雪花天上来》演唱提示：不带再现的单三部曲式结构。第一部分两段歌词，有两个不同的结尾，第一个结尾要作渐弱处理，第二个结尾应该作渐强处理。第二部分音乐情绪激动、感情浓烈，演唱时注意控制好气息和音量，不要唱得过开、过敞，要使声音集中，脖子和喉部要放松。第三部分的第三、第四乐句是第二部分的第三、第四乐句的变化重复，关键是唱好第三部分的第二个结尾，"远"字上的高音要在气息上做好准备。演唱这首歌曲有一定的难度，因为篇幅长大，歌曲在高音区上徘徊的地方较多，所以学习者应该量力而行。

小毛驴爬山坡

西班牙儿歌
钱道立 译词

1 = F 2/4

| 1 1 1 3 | 1 | 1 | 1 2 3 4 | 5 | 0 5 |

我 的 小 毛 驴 呀, 快 快 向 前 跑, 啊
我 的 小 毛 驴 呀, 真 是 调 皮 鬼, 我

| 6 5 4 3 | 2 1 7 6 | 5 5 | 3 — |

节 日 明 天 就 要 来 到, 来 到。
叫 你 前 进 你 却 停 住 不 走 了。

| 1 1 1 3 | 1 | 1 | 1 2 3 4 | 5 | 0 5 |

我 们 已 经 约 好 早 点 到 那 里, 你
我 想 要 去 山 脚, 要 去 山 脚, 你

| 6 5 4 3 | 2 1 7 6 | 5 5 | 1. 5 ‖ 1. 0 ‖

慢 吞 吞 地 走 路, 我 们 会 迟 到 哟! 顶。
跟 我 捣 蛋 跑 上 山 顶, 上 山

桃花谣

印 青 曲
贺东久 李 锋 词

1=A 6/8

5 3̲ 5. | i 6 5. | i 2 3 2 i 3 | 5. 5. | i i 2 i 6 | 5̲ 6̲ 5̲ 3. |
桃 花美， 桃 花艳， 开在那三 月 间。 桃花儿红， 女儿 娇，

2̲ 5̲ 3̲ 3̲ 2̲ 1 | 2. 2. | 5 5̲ 6̲ 5. | i 6 5. | i 2 3 2 i | 6. 6. |
梦 儿飞 满 天。 女 儿梦， 飞 满 天， 相约 一 年 年。

6 i 2 i 6 | 5̲ 6̲ 5̲ 3. | 2̲ 5̲ 3̲ 2̲ 6 | 1. 1. | i 2 i 3. | 3̲ 2̲ i 6. |
花儿捎去 心上 香， 暗结那梦 中 缘。 心 上香， 梦 中缘，

2̲ 2̲ 3̲ 2̲ i. 6 | 5. 5. | 6 i 2 i. | 7. 6̲ 5̲ 6̲ 3. | 5 5 6 i i 3 | 2. 2. |
千万里剪 不 断， 朵朵都是 女 儿 红， 盛开那一年 年。

i 2 i 3. | 3̲ 2̲ i 6. | 2̲ 2̲ i 2 2̲ 3̲ | 5. 5. | 6 i 2 i. | 7. 6̲ 5̲ 6̲ 3. |
心 上香， 梦 中缘， 千万里剪 不 断。 朵朵都是 女 儿 红，

5 5 3̲ 2̲ i 6 | i. i. :|| 2. 6. | i. i. | i. i 0 ||
盛开那一 年 年。 一 年 年。

《桃花谣》演唱提示： 单二部曲式。歌曲的特点是词曲的结构简洁明了又意境深远耐人寻味。从"桃花美，桃花艳"到"暗结那梦中缘"为第一部分，是用重复、发展、变化的方法构成的四个乐句的乐段结构。既有优美的环境描写又有美妙的心理描写，情绪平稳，演唱时注意声音的优美抒情，可以两个小节安排一个气口。从"心上香，梦中缘"到"盛开那一年年"为第二部分，由4个乐句构成，第三、第四乐句是第一、第二乐句的变化重复；这是歌曲的高潮部分，情绪激动热烈，旋律音多在高音区徘徊，演唱时气息要有支持点，声音明亮集中，既要保证头腔共鸣位置，又要有胸腔共鸣的支持，闭口音"心"字要唱得宽一些。

小小公鸡

彝族儿歌

1 = A 2/4

(5̲ ₅5̲ 5 ̲5̲ | 5 ̲5̲ 5 ̲5̲ | 5̲ 6̲ 5̲ 5̲ 3̲̇ 2̲̇ 1̲̇ 6̲ | 1̇ 1̇ 1̇ 0) |

5̣̲ 5̣̲ 1̲ 1̲ | 1̲ 2̲ 3̲ 1̲ 2 | 5̣̲ 5̣̲ 3̣· 2̣̲ | 1̲ 2̲ 3̲ 1 |

小　小　公　鸡　喔　喔　啼，　叫　声　妈　妈　早　早　起，

小　小　公　鸡　喔　喔　啼，　叫　声　爸　爸　早　早　起，

6̣̲ 1̲ 6̣̲ 1̲ | 5̣̲ 5̣̲ 5̣ | 3· 2̲ 3̲ 2̲ | 1̲ 1̲ 1 |

妈　妈　起　来　种　田　去，　小　小　公　鸡　笑　嘻　嘻。

爸　爸　起　来　工　厂　去，　小　小　公　鸡　笑　嘻　嘻。

6̣̲ 1̲ 1̲ 6̣̲ 1̲ | 5̣̲ 5̣̲ 5̣ | 3· 2̲ 3̲ 2̲ | 1̲ 1̲ 1 ‖

赛　洛　里　赛　洛，　赛　洛　赛，　小　小　公　鸡　笑　嘻　嘻。

赛　洛　里　赛　洛，　赛　洛　赛，　小　小　公　鸡　笑　嘻　嘻。

兰花与蝴蝶

谷建芬 曲
张士燮 词

1=♭B 4/4 2/4

```
3. 56 3.  i3 | 5. 65 5  -  | 6  i3 5 6i i | 23 i2 2  -  |
```

兰　花美　哟兰　花香，　台　湾兰花　花　中王，
蝴　蝶飞　哟百　鸟唱，　台　湾蝴蝶　真　漂亮，

```
3  5i 3  -  | 2  23 65  -  | 3  5  6i2 2 | 25 6i i.  (35 |
```

在　山谷，　　在　林　间，　碧　叶　飞舞　金　光放。
在　山谷，　　在　湖　畔，　美　丽的　翅膀　闪　着光。

```
5. 3 6 3 32 2.3 | 25  6i i.  6i) | 7. 7 7 3 5 66 | 7. 3 3 7 5 66 6 |
```

兰　屿岛啊　蝴蝶兰，　　常　与百花　争芬　芳，
蝴　蝶谷啊　蝴蝶飞，　　万　紫千红　绣春　光，

```
2. 66 2 65 5 | 6. 66 6 767 i 2  -  | 2/4 2.  5 | 4/4 3.  56 3.  2 i |
```

我　爱台湾　兰花美，　花　的山啊花　的　港。　　　啊　祖　国的宝　岛啊
我　爱台湾　蝴蝶美，　蝴蝶山啊蝴　蝶　港。

```
5. 3 23 65  -  | 3  5. 5 6 i2 2 | 1. 25 55 56 i i  -  :|| 2. 32 5 6i i  -  | i  0  0 ||
```

我　的家　乡，　祖　国的宝岛　我　的家乡。　　我的　家乡。

《兰花与蝴蝶》演唱提示：带再现的单二部曲式，第一部分和第二部分在节奏、曲调、情绪等方面存在一定的对比，两部分之间用间奏过渡。第一部分节奏舒展、旋律宽广，抒发对兰花和蝴蝶的赞美之情，演唱时要气息饱满，口腔充分打开，注重头腔共鸣，突出歌曲的抒情性，要使声音干净优美而有节制。第二部分的第一、第二乐句基本上是在中低音区进行，节奏紧凑，演唱时要有诉说的感觉，喉部放松、气息下沉，咬字吐字要清晰准确。第二部分的第三乐句是全曲的高潮部分，"我"字是全曲的最高音，唱时要口腔打开，不能提气，要从容自然而有激情。

音乐是好朋友

德国民歌
盛　茵　译配

1 = G　3/4

3	3	3	2.	3 4	5.	6.	7.	1	-	-

世　上　许　多　　美景　不　能　久　留，

5	5	5	4.	5 6	4	4	4	3.	4 5

音　乐　将　永　　远是　我　们　的　好　　朋友，

3	3	3	2.	3 4	5.	6. 6.	7.	1	-	-

音　乐　是　好　　朋友，　永　远的　朋　　友。

啊！中国的土地

陶思耀 曲
孙中明 词

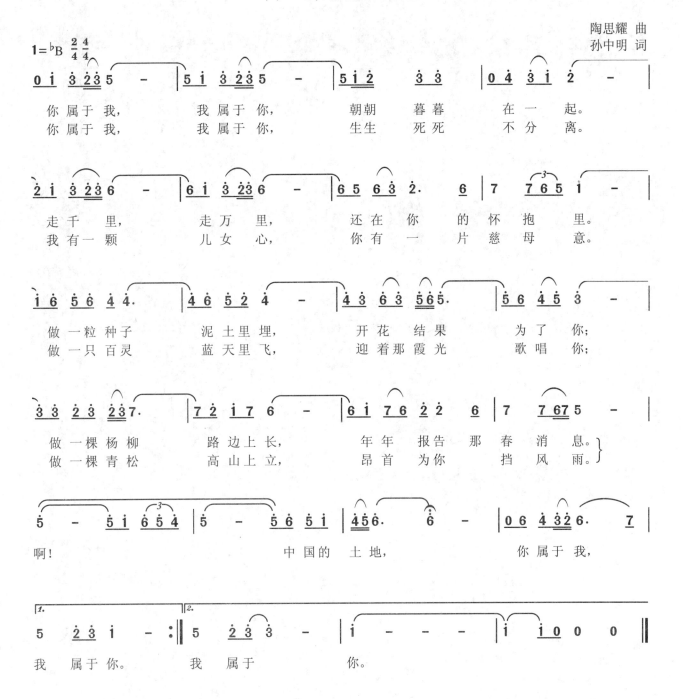

《啊！中国的土地》演唱提示： 歌曲表达对中国土地的热爱和生死不能和祖国分离的情怀。四四、四二变换节拍。歌曲可以分为两部分，从"你属于我"到"还在你的怀抱里"为第一部分，节奏平稳，旋律多在中低音区进行，演唱时注意弱起拍节奏准确，注意强弱起伏，要唱得深情而不呆板。从"做一粒种子泥土里埋"到结尾是歌曲的第二部分，节奏比第一部分有所变化，旋律多在中高音区进行，情绪激动，演唱时注意气息的支持和腔体的打开。歌曲后面的"啊！中国的土地"是歌曲的高潮部分，演唱时要情绪饱满热情，"地"字在歌曲的最高音上，而且是长时值的闭口音，要有气息的积极支持，注重要有头腔共鸣位置，使声音集中。